Este libro pertenece a: Maribel Martin

Inteligencia Alimentaria para Adultos

Fundado en 2006, Leah's Pantry se ha expandido de proporcionar programación innovadora en educación sobre la nutrición para poblaciones de bajos ingresos en San Francisco a una organización estatal que trabaja con socios públicos y privados. Además de nuestro trabajo fundamental, trabajamos en todo California para llevar a cabo capacitaciones de educadores en nutrición, administramos el sitio web EatFresh.org y proporcionamos una capacitación exhaustiva y un programa de formación de capacidades para despensas de alimentos de caridad. Somos la primera organización de nutrición del país en adoptar un enfoque informado sobre el trauma.

CalFresh Healthy Living de California, con financiamiento del Programa de Asistencia Nutricional Suplementaria del Departamento de Agricultura de los Estados Unidos – USDA SNAP, ayudó a producir este material. Estas instituciones son proveedores y empleadores con igualdad de oportunidades. Para ver información nutricional importante, visite www.CalFreshHealtyLiving.org.

Impreso por Amazon KDP en los Estados Unidos de América.
Algunas imágenes son obtenidas de Vecteezy y Adobe Stock.

v.06232020

Tabla de Contenido

EMPEZANDO

Explorando Nuestra Historia de la Comida

Considere estas preguntas con sí mismo/a o en un grupo.

1. ¿Qué alimentos asocia con su niñez?
    - » ¿Estos alimentos son platillos diarios o aquellos que se sirven en ocasiones especiales?
    - » ¿Usted hace algunos de estos platillos para usted mismo/a ahora?
2. ¿Quién le enseñó sobre la cocina, la dieta y la nutrición? ¿A quién le ha enseñado sobre la cocina, la dieta y la nutrición?
3. ¿Cuáles son sus platillos sencillos? ¿Qué alimentos busca cuando está cansado/a, tiene frío o está enfermo/a?
4. ¿Cuáles son sus alimentos favoritos?
5. ¿Cuáles son las razones por las que la gente come?
6. ¿Por qué come? ¿Han cambiado estas razones en el curso de su vida?
7. ¿Sabe de dónde vienen sus alimentos?
8. ¿Confía en los supermercados, restaurantes y anuncios con respecto a la información que le dan sobre los alimentos?
9. ¿Qué información le gustaría conocer en esta clase?

Alimentando a Nuestras Familias

¿Le provee comidas a su familia?

Discuta estas preguntas en pares o en grupos.

1. ¿Cuáles son los aspectos más desafiantes de dar a su familia alimentos saludables?
2. ¿Cuáles son las preocupaciones más grandes sobre los hábitos alimenticios de sus hijos?
3. ¿Cuáles son sus rituales a la hora de comer?
4. ¿Qué evita que su familia coma unida?
5. ¿Su familia planea comidas con anticipación? ¿Quién hace la planeación?
6. ¿Con qué frecuencia consume comida para llevar o comida rápida? ¿Comida casera?
7. ¿Prohíbe comer ciertos alimentos a sus hijos?
8. ¿Cómo anima a comer a sus hijos?
9. ¿Ciertos alimentos le dan más energía?
10. ¿Cuáles son sus "platillos sencillos?"

¿En dónde encuentra información nutricional de confianza en línea?

EatFresh.org hace el comprar comida y cocinar en casa fácil. ¡Vaya a EatFresh.org ahora y empiece a explorarla!

- Encuentre recetas saludables, económicas y rápidas
- Imprima, ahorre, comparta y reciba recetas por mensaje de texto a su celular
- Reciba consejos de estilo de vida para mantenerlo/a saludable y de lo mejor
- Hágale una pregunta a la nutrióloga de EatFresh.org
- Ahorre tiempo al planear y hacer sus compras con planes de comida
- Aplique para CalFresh
- Aprenda las habilidades básicas de la cocina y cómo sustituir los ingredientes que usa y que ya tiene en casa
- Vea el sitio web en inglés, español o chino
- Vea la información nutricional de cada receta

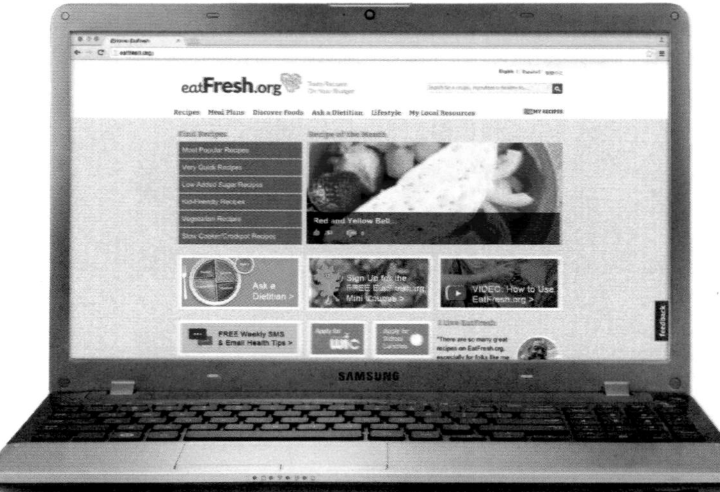

¿Alguna vez se ha puesto una meta de salud y consiguió alcanzarla? ¿Cómo le hizo? Inténtelo de esta forma.

Primero Sueñe en Grande

Siéntense callado/a por un momento con sus ojos cerrados. Imagínese viviendo una vida más saludable en un año después de hoy. ¡Déjese soñar en grande aún si no sabe cómo alcanzar su sueño! ¿Cómo es la vida en su sueño de diferente a su vida actual? ¿Dónde está? ¿Con quién está? ¿Cuáles palabras o imágenes le vienen a la mente? Escriba sus notas aquí.

[el contenido continúa en la página siguiente...]

Comience Pequeño

Ahora trate de pensar en un paso pequeño que pueda tomar esta semana para dirigirse hacia su sueño. Su meta debe ser:

» **Específica**—evite las palabras como "más," "menos" o "mejor."

» **Medible**—¿sabrá cuando la haya logrado?

» **Basada en acciones**—no todo está bajo su control; elija metas que se relacionen con sus acciones.

» **Realista**—elija metas que sean probables de alcanzar. Empiece por algo pequeño.

» **Con plazo**—establezca una meta para lograr esta semana.

Algunos ejemplos

» Voy a cambiar el arroz blanco por el integral dos veces a la semana.

» Comeré una pieza de fruta todas las mañanas con mi desayuno esta semana.

» Cocinaré una cena caliente tres veces a la semana.

» Voy a probar dos nuevas comidas esta semana

¿Cómo se podrían mejorar las siguientes metas?

1. Perderé peso.
2. Comeré menos grasa saturada y más fibra.
3. No volveré a comer comida rápida.

¡Inténtelo! **Llene los espacios en blanco de abajo para crear dos Metas Inteligentes (SMART, por sus siglas en inglés) que se puede proponer para la semana siguiente. Después elija un camino para usar la siguiente página.**

Yo voy a Tomar mas agua ____ Todos los dias ____ **esta semana.**

(la acción) **(que tan seguido)**

Yo voy a Comer ____ mas saludable ____ **esta semana.**

(la acción) **(que tan seguido)**

¿Qué lo/a mantiene motivado/a?

Haga una Meta SMART aquí, una en la que pueda trabajar durante unas cuantas semanas. Después, cada semana, refleje sobre su meta y su progreso.

Yo voy a _________________________ _________________________ esta semana.

(la acción) (que tan seguido)

Al fin de cada semana, pregúntese:

» ¿Alcancé mi meta durante esta semana pasada? ¿Por qué o por qué no?

» ¿Qué fue lo difícil sobre mi meta?

» ¿Qué fue lo fácil?

» ¿Debo continuar trabajando en esta meta o crear una meta nueva? Si es así, ¿Cuál será?

Semana (al final)	Mi Progreso
1	
2	
3	
4	
5	
6	

Descodificando las Etiquetas de Comida

¿Cuáles palabras busca en las etiquetas de la comida?

Los alimentos enteros como las verduras a menudo no tienen etiquetas. Sin embargo, las etiquetas de alimentos enlatados, en caja, embolsados pueden ser confusos. Revise estos términos comunes de las etiquetas.

La grasa es necesaria en cantidades pequeñas para ayudar al cuerpo a absorber algunas vitaminas. **La grasa saturada** es un tipo de grasa. Este tipo viene principalmente de los productos animales. La grasa trans es otro tipo de grasa. Este tipo se encuentra en los alimentos procesados, pero se debería de evitar.

Los carbohidratos le proveen energía. **Los azucares** son un tipo de carbohidratos que le proveen energía rápidamente. **Los almidones** son otro tipo. Estos se tienen que descomponer por medio de la digestión. La fibra no se puede descomponer para formar energía. Esta carga el agua y otros desperdicios a través del cuerpo.

Las proteínas son los componentes principales de las células, los músculos, y los tejidos. La mayoría de las comidas enteras, aparte de las frutas, tienen algo de proteína.

Las vitaminas son compuestos que el cuerpo necesita en varias cantidades.

Los minerales como el sodio, el potasio, y el magnesio ocurren en la naturaleza.

» Los alimentos **enriquecidos** tienen nutrientes reemplazados después de procesarlos. La harina enriquecida, por ejemplo, ha tenido vitaminas B añadidas para reemplazar las vitaminas perdidas durante el procesamiento. Mantenga esto en mente: Las comidas enriquecidas no son siempre las más saludables. Esta etiqueta usualmente se encuentra en alimentos que han sido procesados. ¡A las comidas enteras no se les ha quitado nada en primer lugar!

» Las carnes, los huevos, y los productos lácteos **de corral** generalmente vienen de animales a los cuales se les da acceso al exterior. La USDA solo regula a estas etiquetas para el pollo. California lo requiere para los huevos.

» A los alimentos **fortificados** se les ha añadido nutrientes. El jugo de naranja puede estar fortificado con calcio, por ejemplo, ya que la gente que lo toma puede estar en riesgo de tener el calcio bajo.

» Los alimentos **sin gluten** no tienen el gluten, una proteína que se encuentra en algunos granos (el trigo, el trigo Kamut, la cebada, el centeno, y en algunas avenas). Mantenga esto en mente: Algunas gentes evitan el gluten debido a que padecen de la enfermedad celíaca. Otros simplemente se sienten mejor si no lo comen. El uso de esta etiqueta no está regulado por la USDA.

» Los alimentos **bajos en sodio** tienen menos de 140 mg de sodio por ración. Esta etiqueta es regulada por la USDA. Mantenga esto en mente: La frase «bajo en sodio» también se usa casualmente al referirse a productos con menos sodio que lo usual. Sin embargo, en una etiqueta, este significa que el producto tiene menos de 140 mg por ración.

[el contenido continúa en la página siguiente...]

- Los alimentos **sin OMG** son producidos sin organismos modificados genéticamente. Mantenga esto en mente: Mucha gente escoge los alimentos sin OMG debido a la preocupación sobre los posibles efectos de los OMG en la Tierra y la salud humana.
- Los alimentos **sin sal/no salados** no tienen sal añadida. Puede que aún tengan sodio natural.
- Los alimentos **orgánicos** están hechos o crecidos sin la mayoría de químicos, desperdicio humano, u OMG. Las carnes orgánicas vienen de animales a los cuales no se les da antibióticos ni hormonas de crecimiento. Mantenga esto en mente: Algunas personas escogen los alimentos orgánicos para evitar los químicos. A otros les gusta que la agricultura orgánica es más ligera con la Tierra. Tome en cuenta que muchos agricultores usan practicas orgánicas, pero no ajustan pagar para ser certificados como «orgánico» oficialmente. El uso de esta etiqueta si es regulado por la USDA.
- El termino **de pastura** aplica a los animales que caminan libremente y comen lo que comerían normalmente en la naturaleza.
- Los productos **lácteos** sin rBST vienen de vacas a las cuales no se les ha dado la hormona de crecimiento rBST. La hormona se usa para hacer que las vacas produzcan más leche. Mantenga esto en mente: Los estudios han demostrado que la rBST daña a las vacas y puede estar asociada con el cáncer en los humanos.
- Los alimentos **sin azúcar** tienen que tener menos de .5 gramos de azúcar por ración y no deben tener azúcares añadidas. Mantenga esto en mente: ¡Sin azúcar no significa sin carbohidratos! También tome en cuenta que la pequeña cantidad de azúcar en estos alimentos se va añadiendo si usted se come muchas porciones. Esta etiqueta es regulada por la USDA.
- Los alimentos **veganos** no tienen ningún producto animal. Esta etiqueta no está regulada muy bien.
- Los alimentos con **granos enteros** tienen granos (como el trigo) con las 3 partes comestibles intactas: el salvado, el endospermo, y el germen. Mantenga esto en mente: Busque alimentos que estén etiquetados con 100% de granos enteros o que tengan granos enteros como el primer ingrediente en la lista.

Buenas Elecciones Para Alimentos Enlatados, En Caja, y Embolsados:

- Escoja los alimentos hechos de ingredientes a los cuales usted pueda visualizar en su estado crudo o creciendo en la naturaleza. Si usted ve algo que no puede pronunciar y que fue elaborado en un laboratorio, tenga cuidado.
- No se deje engañar por grandes declaraciones de salud en un paquete. Las declaraciones de salud como "bajo en grasa" lo pueden distraer de ver algo menos saludable como alto en azúcar o en sodio.
- Evite los alimentos con azúcar puestos en la lista entre los primeros tres ingredientes. Busque los azúcares añadidos escondidos.
- Busque los alimentos con 100% granos integral; encuentre esta etiqueta o la palabra «integral» en el primer ingrediente (avena integral, trigo integral, maíz integral).

La Dieta Enfocada en Plantas

¿Por qué comer plantas?

La USDA aconseja comer muchas comidas con plantas cada día. También da consejos para la gente que sigue un patrón de alimentación vegetariana. La mayoría de los vegetarianos evitan las carnes a favor de proteínas de plantas como el tofu y las legumbres. Algunos evitan los productos lácteos y los huevos también.

Algunos beneficios de comer plantas incluyen:

» Muchos alimentos de plantas enteras son ricos en fibra

» Los alimentos de plantas enteras son bajos en sodio

» Los alimentos de plantas enteras son altos en vitaminas y minerales

» Los alimentos de plantas enteras tienen menos grasa saturada que los alimentos de animales y no tienen colesterol

» Muchas proteínas de plantas, como los frijoles, son baratos y fáciles de prepara

---

Un estudio en la Revista Médica del Colegio Americano de Cardiología del 2017 demostró que la gente que comía principalmente plantas tenía un riesgo más bajo para enfermedades del corazón que la gente que no—pero solo si comían principalmente alimentos de plantas naturales enteras. En otras palabras, de acuerdo a la Escuela de Salud Pública de Harvard, "el reducir los alimentos de animales no necesariamente lo lleva a mayor protección al corazón si la dieta que resulta está basada en alimentos de plantas menos saludables."

Si quiere reducir los alimentos de animales

1. Disfrute las fuentes de proteína de planta como las nueces, las semillas, las legumbres, y los alimentos de soya como el tofu y el tempeh.

2. Si no come productos lácteos, disfrute alimentos de plantas ricos en calcio como la leche de soya fortificada y alimentos con hojas verdes obscuras.

3. Obtenga la vitamina B12 los productos lácteos o cereales fortificados.

4. Escoja los alimentos enteros en lugar de los procesados. Los granos enteros, las verduras, y las legumbres tienen la suficiente proteína para cubrir las necesidades de la mayoría de la gente. ¡Las comidas chatarra elaboradas con harina blanca y azúcar no la tienen!

Ideas

» Para el desayuno, pruebe un grano integral cocido como la avena o la quinua con fruta.

» Para el almuerzo, pruebe una hamburguesa de frijoles negros en pan integral. O disfrute una ensalada de verduras con frijoles, nueces, o semillas por encima.

» Para la cena, haga una comida de una sola olla, como una sopa de lentejas o un chile. O saltee verduras con tofu, y sírvalas sobre arroz integral.

¡Inténtelo! **¿Cómo puede añadir más Metas SMART sobre añadir más comidas enteras a base de plantas a su dieta?**

Diario de Alimentos

¿Esta consiente de lo que está comiendo?

Mantenga un cuaderno de comida durante tres días. Incluya los detalles específicos sobre las cantidades y los ingredientes.

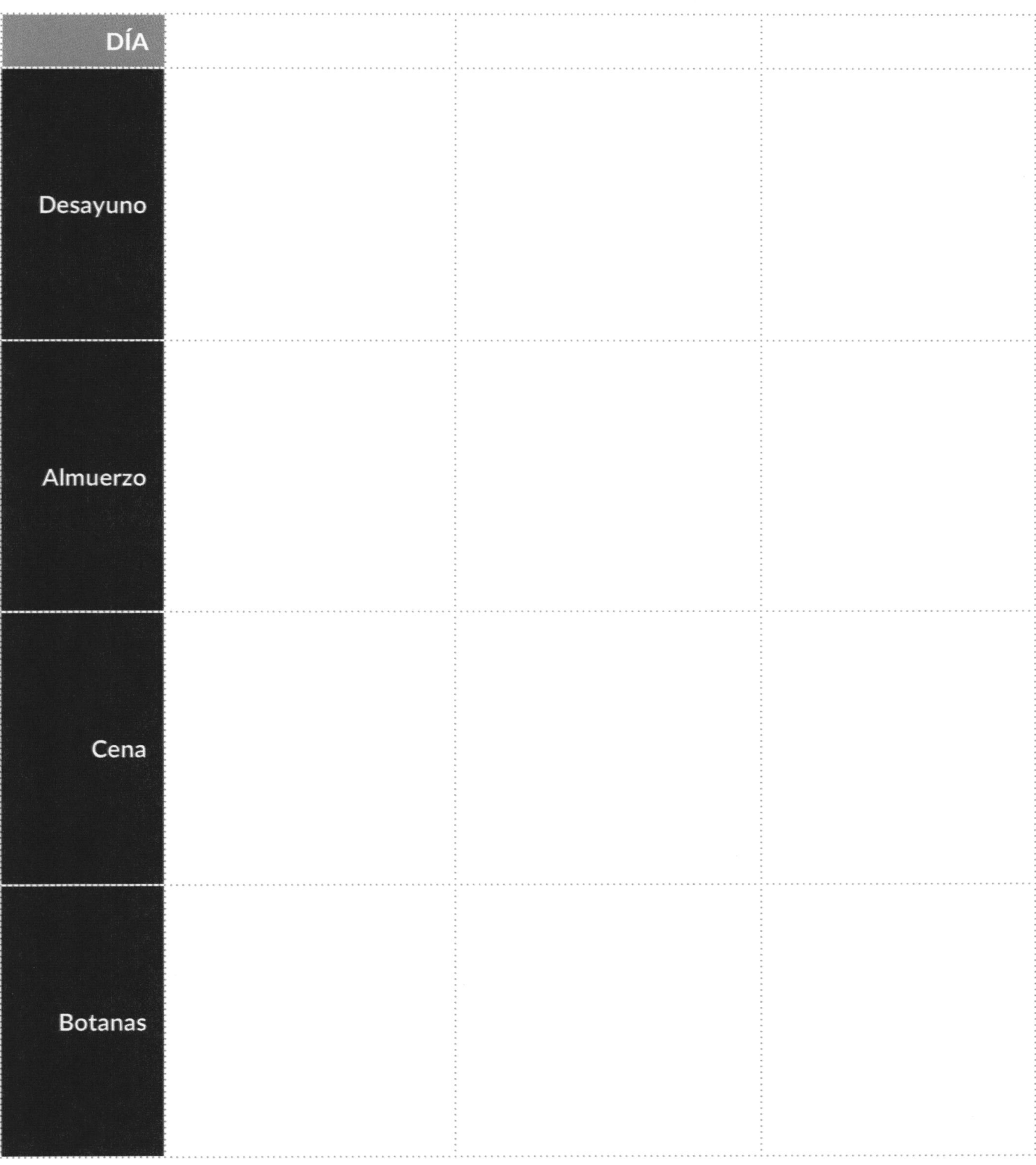

DÍA			
Desayuno			
Almuerzo			
Cena			
Botanas			

ALIMENTANDO A SU FAMILIA

Alimentando al Bebé, Alimentando a Mamá

¿Qué es lo más difícil de alimentar a su bebé? ¿Qué tal para alimentarse usted?

Consejos para Amamantar

1. Aprender a amamantar puede tomar tiempo y esfuerzo. ¡Esto es normal!
2. Cambie de pecho a la mitad de cada alimentación, o de una comida a la próxima.
3. Los sabores y los compuestos de las comidas que usted coma pueden terminar en la leche materna. Las comidas picantes o gaseosas, como el repollo, pueden causar problemas para su bebé.
4. Platique con su doctor para ver si el alcohol o los medicamentos son seguros para usted mientras esté amamantando.
5. Su bebé debe ensuciar varios pañales por día. Esto es una buena señal de que él o ella está comiendo lo suficiente.

Mamá También Necesita Cuidado

¡Puede ser difícil cuidarse a sí misma mientras que cuide a alguien más! Acuérdese de:

1. Evitar ponerse a dieta si está amamantando en los primeros 6 meses.
2. Un patrón alimenticio con alimentos enteros principalmente le puede ayudar a recuperarse de su embarazo y dar a luz más rápido.
3. Mantener comidas saludables y listas para comerse a la mano para cuando sea imposible cocinar. Las frutas frescas, las verduras cortadas, el yogur, las nueces, y el pan integral son opciones excelentes.
4. Tomar agua extra a través del día si está amamantando.
5. Limitar la cafeína y los azúcares añadidos. Estos pueden interrumpir su ciclo de dormir. ¡Ya es lo suficiente difícil dormir cuando tiene un recién nacido!

Los bebés...

» deben de ser amamantados cada tres horas (más si es necesario) o alimentados con una botella de formula bajo las instrucciones de su doctor.

» varían en cuanto tiempo duran amamantando a la vez. Algunos necesitan tan poco como 10 minutos, otros hasta 60 minutos.

» deben de obtener la mayoría de su nutrición de la leche materna, o formula, solo hasta los 6 meses de edad.

¡Bienvenido/a a la Mesa!

¿Ya está listo/a su bebé para las comidas solidas?

Su bebé puede estarlo si él o ella:

- puede sostener su cabeza hacia arriba sin ayuda
- se puede sentar con ayuda
- demuestra interés en la comida que usted come
- acepta comida en cucharas sin sacar la lengua

Los bebés deben obtener su nutrición de la leche materna o formula durante los primeros 6 meses. Después de eso, pueden comenzar a probar comidas suaves y no picantes. Puede preparar sus propias comidas con una licuadora, un procesador de comida, o un molino de comida. Los cereales fortificados con hierro, la avena, los plátanos, el aguacate, y los camotes son muy buenas opciones para comenzar (solo mézclelos con agua, leche materna, o formula). Los huevos, el yogur, el pollo bien cocido, pescado machucado, y otros purees de verdura se pueden añadir después. Comidas pequeñas como los Cheerios, el tofu firme, el queso molido, o cubos de plátano se pueden introducir alrededor de los 7 meses bajo supervisión cercana. Los productos de nueces y cacahuates se pueden incluir mientras que no se conviertan en un peligro para ahorcarse.

Consejos

1. Añada comidas nuevas cada 4-5 días. Ponga atención a ver cualquier alergia a la comida.
2. Cambie la comida de suave a trocitos cuando vaya creciendo su bebé.
3. No mastique la comida usted antes de dársela a su bebé.
4. Dele de comer con cuchara al principio de la comida; comida con los dedos al final.
5. Anímelo/a a beber en una taza abierta, vasito para bebé, o una taza con un popote.
6. La fruta entera es mejor que el jugo. Si le sirve jugo, no le ofrezca más de 4 oz. diarias de jugo 100% de fruta, diluido con agua, en una taza, no en botella.
7. Evite la miel hasta después de los 12 meses.
8. ¡Nunca deje a un bebé con comida sin supervisión!

¡Haga su Propia Comida!

Algunas ideas:

- Ponga arroz integral o avena en una licuadora durante 2 minutos enteros. Añádale agua a un sartén y déjela hervir a fuego lento durante 10 minutos. Revuelva o bata para evitar bultos.
- Lave y pele manzanas o peras. Córtelas en pedazos y déjelas hervir a fuego lento con agua hasta que estén suaves. Hágalas puré.
- Guarde la comida de bebé cacera en el refrigerador hasta por 3 días. Para conservarla durante más tiempo, congélela en bandejas para cubitos de hielo, después transfiérala a una bolsa de plástico.

¡Inténtelo! **¿Cuáles de las ideas de arriba le gustaría intentar? ¿Qué otras estrategias sabe?**

¿Cuáles son los retos para alimentas a su niño pequeño?

Niños Pequeños...

- están creciendo dientes, pero aún están a riesgo de ahorcarse
- pueden cambiar sus gustos de día a día
- pueden preferir las comidas en su forma más simple (sin salsa o revuelta con otras comidas)
- les gusta «jugar» con su comida usando todos sus sentidos; planee para esto en vez de desanimarlos

Niños Preescolares...

- pueden necesitar ser expuestos a nuevas comidas varias veces antes de aceptarlas
- están listos para participar en horas y rutinas de comida más estructuradas
- están cada vez más expuestos a las comidas procesadas afuera de la casa y comienzan a aprender sobre cómo hacer decisiones saludables

Los niños pequeños aprenden por medio de la imitación. ¡Disfrute comer frutas, verduras, y granos integrales, y eventualmente sus niños lo harán también!

¿Qué Ofrecerles?

- 16-24 oz de leche entera por día a los niños de 12-24 meses. Cámbielos a baja grasa a los 24 meses.
- Después de cumplir un año, sus estomaguitos pueden tolerar los frutos del bosque, tomates, cítricos, y miel.
- 3 comidas más 2 botanas saludables por día en horas predecibles.
- Versiones más leves de cualquier cosa que coma el resto de su familia. No es necesario cocinar un menú separado.

¿Alimentación Exigente?

- Su niño se puede convertir más «exigente» al crecer. ¡Esto es normal!
- Tenga paciencia mientras que su niño prueba comidas nuevas. Él o ella puede necesitar que pruebe algo varias veces antes de aceptarlo. La paciencia funciona mejor que la presión.
- Nunca obligue a un niño a comer. Los niños pequeños comen cantidades diferentes cada día.
- ¡A los niños pequeños les encanta sumergir cosas en salsa! Puede que estén más dispuestos/as a probar comidas nuevas que puedan sumergir en yogur, humus, mantequilla de nueces, o salsa.

Haga Tiempo Para la Hora de la Comida

- Cocinen juntos, coman juntos, hablen juntos. Apague la TV y los celulares. ¡Haga que la hora de comer sea tiempo en familia!
- Involucre a los niños en el proceso de preparar comidas y con la limpieza.

Recuerde: Usted decide qué y cuándo comer, sus niños deciden cuánto.

Alimentación Positiva: Niños de la Escuela Primaria e Intermediaria

¿Cuáles son los retos de alimentar a su niño más grande?

Niños de la Escuela Primaria...

- » están empezando a entender de donde viene la comida y que las comidas son buenas para los cuerpos crecientes
- » necesitan estar activos cada día para su salud física y mental
- » quieren hacer cosas que sus compañeros están haciendo
- » se pueden sentir culpables al comer animales
- » se benefician de la estructura de las horas de la comida mientras que desarrollan sus habilidades de hacer decisiones

Adolescentes...

- » necesitan estar activos cada día para su salud física y mental
- » pueden empezar a ver las conexiones entre la dieta, la apariencia física, y la salud
- » pueden ser más aventureros con sus elecciones de comida
- » son vulnerables a la presión de sus compañeros sobre qué comer y como verse
- » pueden subir de peso más rápidamente durante el comienzo de las hormonas de adulto

Haga Divertidas a las Frutas y Verduras

- » Mantenga un recipiente de fruta fresca en la mesa de la cocina.
- » Ponga las frutas y verduras lavadas en una repisa en su refrigerador donde su niño las vea.
- » Déjelos escoger frutas y verduras en la tienda.
- » Experimente con salsa y polvos de especias para hacer las comidas más atractivas.

¡Inténtelo!

Consejo para Niños con Hambre—Los niños usualmente tienen hambre justo cuando llegan a casa de la escuela o justo antes de empezar a preparar la cena. El tener rebanadas de frutas y verduras ya preparadas hace más fácil darles de comer.

Los Niños en la Cocina

¿Cómo pueden ayudarle los niños con la preparación de la comida?

Los niños adquieren habilidades de la vida al aprender a cocinar. También es más seguro que prueben las comidas que ellos ayudaron a preparar. El darle trabajos a sus hijos puede ayudarles a sentirse importantes y grandes, también.

Seguridad para Niños de Todas la Edades

- **Siempre láveles las manos antes de cocinar. Use jabón y agua tibia, y cante el abecedario.**
- **No coma comidas con huevo crudo.**
- **Deje que los niños se paren al nivel de actividad. Use una silla si es necesario.**
- **Mantenga los cuchillos fuera del alcance de los niños pequeños**
- **Donde los niños puedan alcanzar, use recipientes, platos, y tazas de plástico.**
- **Elija recetas agradables para niños para cocinar juntos. ¡Consulte a EatFresh.org para ideas!**

Los niños pequeños están aprendiendo a usar sus brazos y manos. Pueden...

- limpiar las frutas y verduras; lavar y arrancar las hojas verdes
- ayudar a escoger los alimentos en la tienda de abarrotes
- cargar los objetos que no se quiebran a la mesa
- ser muy desordenados... ¡cocine antes de la hora del baño!

Los niños de 3 a 5 están aprendiendo a usar sus dedos. Pueden...

- medir los ingredientes, con ayuda
- mezclar ingredientes mojados o secos
- untar mantequilla de cacahuate, queso crema, o humus
- amasar, desenrollar la masa, y cortar la masa con cortadores para galletas
- preparar, retirar, y limpiar la mesa
- pelar algunas frutas y verduras, al igual que huevos duros hervidos
- machucar las frutas y verduras suaves o cortarlas con un cuchillo de plástico o para mantequilla
- hacer jugo de naranja y limones amarillos o verdes

Los niños de 6 para arriba pueden seguir instrucciones con múltiples pasos y experimentar. Pueden...

- empezar a practicar con cuchillos "de verdad."
- ¡Siempre supervise!
- hacer ensaladas, incluyendo los aderezos
- medir y seguir recetas de mayor complejidad
- ayudar con recetas simples en la estufa: revolviendo los huevos revueltos, volteando sándwiches de queso a la parrilla o hotcakes (siempre supervise)
- comenzar a experimentar basado en gustos personales
- hacer las conexiones entre la cocina y conceptos de ciencia/matemáticas

¿Con cuáles trabajos le puede ayudar su niño? ¿Cuáles le gustaría más a él o a ella?

AL COCINAR

Repaso De Seguridad en la Cocina

¿Por qué es importante practicar buena seguridad con la comida?

Siga estos consejos para crear una cocina más segura.

1. Mantenga las superficies de preparación de comidas (tablas para cortar, mostrador, etc.) limpias ya que estas son espacios ideales para el crecimiento de las bacterias.

   Si usa tabla de cortar y un cuchillo para cortar carne cruda, pescado o pollo, asegúrese de lavarlos y desinfectarlos antes de volver a usarlos. Algunas personas optan por tener dos tablas para cortar: una para la carne cruda y otra para los alimentos listos para comerse para reducir la posibilidad de la contaminación cruzada.

2. Cocine los alimentos completamente.

   Cuando la carne se expone al aire, las bacterias se empiezan a desarrollar inmediatamente. Por esa razón, las hamburguesas siempre deben cocinarse completamente, aunque es seguro comer un filete medio cocido. Para estar seguro/a, métale en un termómetro a la carne y pruebe su nivel de cocimiento. Vea la tabla de la siguiente página con las temperaturas seguras.

3. Guarde la carne cruda y los alimentos sin cocinar en el estante de abajo de su refrigerador.

   También mantenga los huevos lejos de la puerta y junto a la parte de atrás donde las temperaturas permanecen más frías. El refrigerador debe estar a menos de 40°F (4.44°C).

4. Refrigere las comidas antes de dos horas después de preparadas o comprarlas.

   Los alimentos refrigerados adecuadamente pueden comerse en los siguientes 3-5 días. ¡Cuando tenga duda, tírelos!

5. Hay cuatro maneras de descongelar la comida:
   - » Toda la noche en el refrigerador.
   - » En un recipiente de agua fría, y cambiando el agua cada 30 minutos.
   - » En el horno microondas.
   - » Durante el cocimiento.

   Nota: NUNCA es seguro dejar la carne congelada en el mostrador para que se descongele.

6. Para asegurarse de que sus manos estén limpias, láveselas con agua caliente y jabonosa por lo menos durante 20 segundos. Cuando enseñe a sus hijos, hágalos que canten el abecedario mientras que se laven las manos.

7. Cuando lave los platos, ya sea que use una lavaplatos o los lave en el fregadero, déjelos que se sequen con el aire.

   Las toallas de trastes mojadas pueden guardar bacteria.

Cocinando Saludablemente con Poco Espacio y Dinero

¿Cuáles son los desafíos de cocinar cuando uno no tiene mucho espacio o dinero? ¿Cuáles son algunas soluciones?

RETO: No hay mucho espacio para frutas y verduras en mi pequeño refrigerador.

SOLUCIÓN: Guarde solamente los artículos en el refrigerador/congelador que necesitan estar ahí adentro. Algunas frutas y verduras pueden permanecer fuera. Vea la pga. 74.

RETO: En ocasiones, la comida saludable puede parecer ser la más cara.

SOLUCIÓN: Mantenerse saludable puede disminuir los costos de una persona a largo plazo, por lo que es importante comer sano tan a menudo como sea posible.

- Busque cupones.
- Solo gaste dinero en alimentos saludables. Los alimentos poco saludables pueden ser baratos, pero son un gasto innecesario que no proporciona nutrición.
- La carne es costosa: trate de comer vegetariano unas cuantas veces a la semana.
- Compre alimentos al mayoreo. Si el almacenamiento es un problema, pídale a un amigo que divida la comida y la cuenta.
- Recorra el barrio: ¿sabe dónde se sirven comidas saludables gratuitas?
- ¡Utilice la comida del banco de alimentos! Es gratis y hay a menudo hay una gran cantidad de frutas y verduras frescas.
- Evite las tiendas de la esquina y busque la tienda de comestibles más cercana con las mejores ofertas.

RETO: Yo solo tengo un microondas.

SOLUCIÓN: Consulte con la dirección para ver si puede invertir en una olla barata para el arroz, una olla de cocimiento lento (crock pot) o un horno tostador.

- Los microondas no son solo para recalentar. Se pueden utilizar para cocinar comidas frescas desde huevos revueltos a pasta.
- Las tiendas de segunda mano, como Goodwill, son grandes lugares para encontrar artículos de cocina muy baratos.

RETO: No hay tiendas de abarrotes cerca y las tiendas pequeñas en mi área no venden muchas frutas ni verduras.

SOLUCIÓN: Lea la lista de ingredientes y las etiquetas de datos de nutrición para encontrar la comida más saludable en las tienditas de las esquinas.

- Evite los alimentos con azúcar como primer ingrediente, aceite parcialmente hidrogenado (grasas trans) que se enumeran como ingrediente, y altas cantidades de sodio (más de 140 mg por porción).
- Elija productos de trigo entero o de grano entero. El trigo u otro grano entero deben ser lo primero en la lista de ingredientes.
- Entre menos ingredientes, mejor. Generalmente significa que hay menos ingredientes malos añadidos.
- Algunos ejemplos: sopa de verduras en lugar de sopa de carne, papas fritas sin sabor, pretzels o palomitas de maíz en lugar de papas fritas con sabor o de otros bocadillos embolsados, cereales de grano entero, panes y galletas, agua o leche en lugar de soda y jugo.
- En ocasiones, las farmacias como Walgreens o CVS tienen buenas ofertas en atún enlatado, salmón enlatado u otros productos. A menudo tienen una selección más saludable que las tiendas de la esquina.
- Visite el mercado de los agricultores del barrio al final del día, ¡los agricultores a menudo hacen algunas grandes ofertas! Muchos mercados aceptan EBT.

RETO: No me excita cocinar solo para mí ___ ________________________________.

SOLUCIÓN: ¿En cuáles soluciones puede pensar? ________________________________

____

____

Cocinando para Uno

¿Qué trucos sabe para cocinar para uno?

El cocinar en casa puede ser la forma más fácil de comer comidas saludables constantemente. Intente:

» Planee sus comidas cada semana. Utilice los mismos ingredientes en muchas comidas, pero de diferentes maneras. Por ejemplo, compre verduras que se puedan comer tanto cocidas como crudas como el apio: se usa en sopas, botanas, verduras salteadas, y ensaladas.

» Cocine o prepare cuando tenga la mayor cantidad de energía. Corte las frutas y verduras para guardar como botanas fáciles, o preparar una comida entera. La cena no tiene que ser la comida más grande del día, si usted tiene más energía y tiempo en el medio del día coma su comida más grande entonces.

» Coma el producto más perecedero primero como la lechuga, y guarde el producto más saludable como el brócoli para más adelante en la semana. Aun mejor, abastécete de verduras como calabaza de invierno, cebollas y papas que duran meses fuera de la nevera.

» Cocine en cantidades más grandes y congélelas. Cocine cantidades grandes de granos y frijoles y congélelos para facilitar el añadirlos a las comidas. Las sopas y los estofados se congelan bien en porciones para una persona.

» Compre solo lo que comerá. Incluso si las porciones sencillas son más caras en la tienda, aun así, será más económico que salir a comer.

» Mantenga la despensa abastecida. Es más probable que desee cocinar si ya tiene ingredientes duraderos como productos secos, aceites, alimentos enlatados y condimentos.

» Compre en grandes cantidades. Si le falta espacio de almacenamiento, pida a un amigo que divida la cuenta y los productos. Elija artículos que duren mucho tiempo para comprar al mayoreo.

» Llévele las sobras a un amigo o vecino. ¡Esperemos que le devuelvan el favor!

Comidas de muestra

» Los huevos son un excelente plato para servir: agregue verduras, queso y pan integral para hacer una comida satisfactoria.

» Comience con granos secos como arroz o pasta, agregue verduras (frescas, congeladas o enlatadas), una proteína como el salmón (fresco, congelado o enlatado) y una salsa y sabores como el aceite de oliva y el ajo, o la salsa de soya y el jengibre.

» Use pollo cocido en una ensalada con nueces y frutas, o un sándwich en pan de trigo integral con queso, lechuga y tomate.

» Haga un plato de fideos inspirado en China: pasta mixta cocinada o fideos de arroz remojados y revuelva las verduras fritas con una mezcla de salsa de soya y crema de cacahuate.

» Mezcle el cuscús cocido con un aderezo de vinagre, aceite de oliva, sal y pimienta y un montón de verduras frescas, frijoles negros y maíz enlatado.

¿Cuál es su comida preferida para una persona?

Ahorrando Tiempo al Cocinar

¿Cómo puede comer cuando tenga poco tiempo y energía?

Aquí hay unos ejemplos:

- Aprenda a picar las verduras rápidamente y eficientemente. La mayoría de la gente pica la cebolla lentamente.

¡Inténtelo! Visite: bit.ly/chop-onion para ver una demostración.

- Pique las verduras durante el fin de semana o en la mañana para reducir el tiempo de preparación por la noche. O, pique más verduras de las que necesite para así prepararse para su próxima comida. Póngalas en un contenedor de plástico o una bolsa de plástico para refrigerarlas.
- Use un cuchillo afilado. Los cuchillos sin filo son peligrosos y requieren mucha más energía para usar. Además, evite usar un cuchillo pequeño para los alimentos más grandes.
- Aprenda a medir con la vista las mediciones comunes: sepa cómo se ve una taza de verduras picadas en una tabla de cortar o una cucharadita de especias en la palma de su mano. En la mayoría de los casos, no es esencial para ser exactos (hornear es una excepción).
- Por la mañana, coloque las ollas o sartenes que necesitará por la noche. Si sus verduras ya están picadas y sus ollas están listas, es más probable que cocine.
- ¿Tiene niños en casa? Pídales que limpien y que pongan la mesa, que laven las verduras, o que ayuden a buscar los ingredientes.
- Las ollas crock pots o las arroceras son perfectas ahorradoras de tiempo, y a menudo están disponibles por poco dinero en las tiendas de segunda mano.
- Cocine pollo extra una noche que puede prepararse en unas pocas comidas diferentes: tacos, sopas o ensaladas.
- Siempre tenga verduras en el congelador, ¡no necesita lavar ni picar!

Electrodomésticos Pequeños para Espacios Pequeños

¿Qué trucos sabe sobre el uso de electrodomésticos pequeños para cocinar?

Un microondas, una olla de presión, una arrocera, una olla de lento cocimiento, o un tostador a menudo se usan en vez de una estufa u horno grandes. ¡Busque en EatFresh.org bajo el filtro de "Cocina Limitada" para recetas nuevas!

Una **olla de lento cocimiento**, alias crock pot, es una olla eléctrica que usa calefacción muy baja para cocinar la comida lentamente (4-10 horas).

» no tiene una fuente de calefacción expuesta y no se calienta lo suficiente para quemar la comida
» se puede dejar sola por horas
» usa menos energía muchos otros electrodomésticos
» no es cara

Buena para: sopas, estofados, cortes de carne duros, frijoles secos

¿Qué prepararía en una olla de lento cocimiento?

Una **olla arrocera** es una olla eléctrica que usa fuego medio para cocinar al vapor. Funciona más rápidamente que una olla de lento cocimiento (20-60 mins).

» se apaga automáticamente
» más segura que cocinar en estufa porque no tiene fuente de fuego expuesta
» no es cara

Buena para: platillos de grano o de frijoles, sopas, estofados, curries, comidas al vapor

¿Qué prepararía en una olla arrocera?

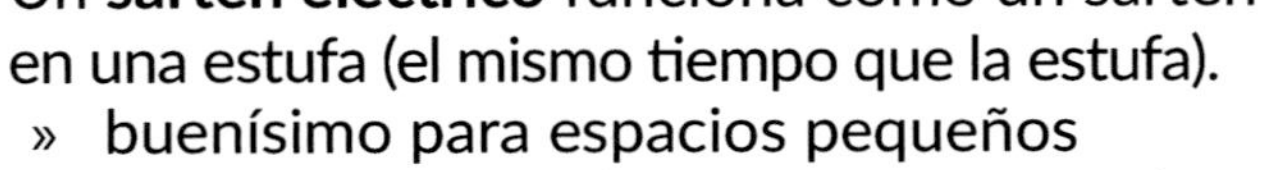

Un **horno tostador** es un horno muy pequeño (el mismo tiempo que el horno).

» con más eficiencia energética que la estufa para cocinar platillos pequeños

Bueno para: sándwiches tostados y pizza, postres crujientes de frutas, recalentamiento de comidas pequeñas

¿Qué prepararía en un horno tostador?

Un **sartén eléctrico** funciona como un sartén en una estufa (el mismo tiempo que la estufa).

» buenísimo para espacios pequeños
» los sartenes grandes se usan para cocinar comidas grandes
» es más seguro que un horno tostador

Bueno para: huevos, verduras salteadas, hotcakes integrales

¿Qué prepararía en un sartén eléctrico?

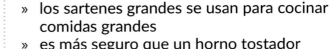

Un microondas cocina la comida muy rápido y es bueno para espacios pequeños (minutos).

Bueno para: descongelar comidas congeladas, comidas listas para calentarse, bebidas calientes, arroz o verduras al vapor

Unos cuantos consejos de seguridad:

» Use recipientes aptos para el microondas solamente. ¡Evite el metal, plástico suave, o unicel desechable!
» No ponga comidas enredadas apretadamente o selladas en el microondas.
» Píquele algunos agujeros a artículos o la piel de la comida para ventilar el vapor.
» Dele vueltas o revuelva la comida unas cuantas veces durante el cocimiento.
» Asegúrese de revolver los líquidos después de que hayan pasado por el microondas.

¿Qué prepararía en un horno microondas?

Glosario de Términos Para Recetas

¿Sabe sus palabras para la cocina?

Conecte cada término de la izquierda con su definición a la derecha.

Palabras para la Preparación de Comida

picar	el frotar los alimentos en un rallador para hacer rebanadas
trocear	el cortar comida sólida en trozos o pedazos de tamaño mediano
rallar	el pre-mezclar la comida con sazonadores mojados o secos; ayuda a desarrollar el sabor y también a humectarlo
cortar en juliana	el picar en pedazos extremamente pequeños
amasar	el cortar los alimentos sólidos en cubos pequeños del mismo tamaño
marinar	el cortar los alimentos en rebanadas delgadas
trocear finamente	el quitarle la piel a las frutas y verduras
pelar	el presionar a la masa (ej. masa para pan) repetidamente con las manos
puré	batir rápidamente para añadir aire y volumen a la comida
batir/ revolver	mezclar hasta que esté suave

Al Cocinar

hornear	el cocinar/dorar la comida en una pequeña cantidad de aceite
hervir	el cocinar lentamente en líquido a fuego lento, con burbujas apenas formándose en la superficie
asar	el cocinar con fuego medio, usualmente en un horno
freír en aceite profundo	el cocinar con vapor, usualmente en un contenedor cerrado
freír	el cocinar sobre fuego directo
a la parrilla	el cocinar en una capa profunda de aceite bien caliente
rostizar	el calentar un líquido hasta que la superficie forme burbujas continuamente
saltear	el cocinar en aceite bien caliente
hervir afuego lento	el cocinar so fuego medio-alto, usualmente en un horno
al vapor	el cocinar bajo fuego fuerte y directo

Cómo Leer una Receta

¿Qué cosas malas pueden pasar si no lee una receta bien?

Es fácil perderse los detalles en una receta. ¡Puede que invente algo nuevo... o que tenga que tirar sus cena!

Licuados

Tiempo de Preparación: 5 min Tiempo para Cocinar : 0 min Rendimiento: 2

Ingredientes:

» 4 fresas congeladas

» 1 taza de yogur simple bajo en grasa

» ½ taza de jugo 100% de naranja

» 1 plátano, cortado en pedazos

» 4 cubos de hielo

Instrucciones:

» Ponga todos ingredientes en una licuadora.

» Cúbrala y procese hasta que esté suave.

Por Racíon: 150 calorías, 2g grasa total (1g sat), 30g carb, 2g fibra, 65mg sodio

1. Lea la receta bien antes de empezar.
   » Asegúrese de que tenga todos los ingredientes que necesita, y suficiente tiempo para preparar la receta.
   » Busque cualquier termino que no sepa; ¡vea la pga. 25 para una guía!
   » Cuando un ingrediente sea opcional o si lo desea, no tiene que usarlo a menos que quiera
   » Si es necesario, precaliente el horno mientras usted prepara las cosas.
2. Prepare los ingredientes para la receta.
   » Si una receta pide cebolla picada, por ejemplo, píquela ahora. Puede que necesite dejar que los ingredientes alcancen temperatura ambiente, derretirlos, o enfriarlos antes de empezar.
   » Para aprender sobre sustituciones de ingredientes, visite EatFresh.org.
3. Mida cuidadosamente.
   » El saber las abreviaciones le ayuda: : c. = Taza, T. or tbsp. = Cucharada, t. or tsp. = Cucharadita. También le ayuda saber caminos más cortos para medir. Por ejemplo:
      » 4 Cucharadas = ¼ Taza
      » 3 Cucharaditas = 1 Cucharada
4. ¡Siga los pasos en orden!
5. Si decide hacer cualquier cambio a su receta mientras cocina, haga una nota. Así puede preparar el platillo de la manera exacta la próxima vez—¡o no!

COMO CREAR UNA COMIDA BALANCEADA

¿Cómo se ve una dieta balanceada?

Compare sus patrones de comida con estas recomendaciones del USDA.

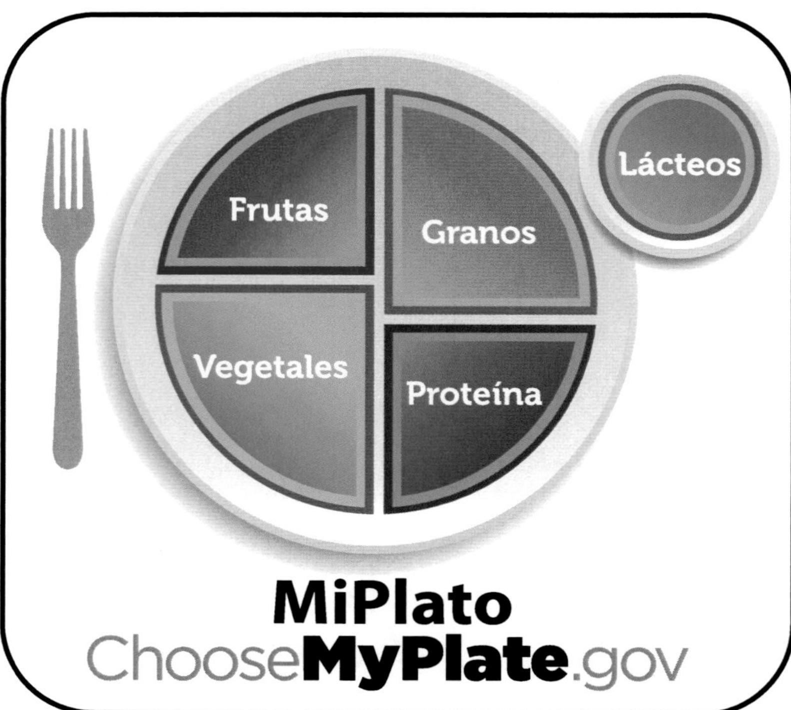

Consuma un patrón saludable de comer que tome en cuenta todas las comidas y bebidas entre un nivel apropiado de calorías. Un patrón de comer saludablemente incluye:

» Una variedad de verduras—verdes oscuras, rojas y anaranjadas, legumbres (frijoles y chícharos), almidonados, y otros

» Las frutas, en especial las frutas enteras

» Los granos, por lo menos la mitad debería ser granos integrales

» Los productos lácteos sin grasa o bajos en grasa, incluyendo la leche, el yogur, el queso, y/o las bebidas de soya fortificada

» Una variedad de comidas con proteína, incluyendo los pescados y mariscos, carnes bajas en grasa y productos de ave de corral, huevos, legumbres (frijoles y chícharos), y nueces, semillas, y productos de soya

» Aceites

Un patrón de comer saludablemente limita: las grasas saturadas y trans, los azucares añadidos, y el sodio.

Recomendaciones Claves que son cuantitativas y proveídas para diferentes componentes de la dieta que deberían ser limitados. En particular, estos componentes son de una preocupación de salud pública en los Estados Unidos, y los limites especificados les pueden ayudar a individuos a alcanzar sus patrones de comer saludablemente entre los límites de las calorías:

» Consuma menos del 10 por ciento de sus calorías de azucares añadidas al día

» Consuma menos del 10 por ciento de sus calorías de grasas saturadas al día

» Consuma menos de 2,300 miligramos (mg) de sodio por día

» Si consume alcohol, debe consumirlo con moderación—hasta una bebida al día para las mujeres y dos al día para los hombres—y solo para los adultos de edad legal para tomarlo.

¿Cómo se compara este modelo de la Escuela de Salud Pública de Harvard con el de MiPlato? ¿Qué puede ser diferente?

EL PLATO PARA COMER SALUDABLE
Use aceites saludables (como aceite de oliva o canola) para cocinar, en ensaladas, y en la mesa. Limite la margarina (mantequilla). Evite las grasas trans.
ACEITES SALUDABLES
AGUA
Tome agua, té, o café (con poco o nada de azúcar). Limite la leche y lácteos (1-2 porciones al día) y el jugo (1 vaso pequeño al día). Evite las bebidas azucaradas.
GRANOS INTEGRALES
VEGETALES
Mientras más vegetales y mayor variedad, mejor. Las patatas (papas) y las patatas fritas (papas fritas/papitas) no cuentan.
Coma una variedad de granos (cereales) integrales (como pan de trigo integral, pasta de granos integrales, y arroz integral). Limite los granos refinados (como arroz blanco y pan blanco).
PROTEINA SALUDABLE
FRUTAS
Coma muchas frutas, de todos los colores.
Escoja pescados, aves, legumbres (habichuelas/leguminosas/frijoles), y nueces; limite las carnes rojas y el queso; evite la tocineta ("bacon"), carnes frías (fiambres), y otras carnes procesadas.
¡MANTÉNGASE ACTIVO!
© Harvard University
Harvard T.H. Chan School of Public Health
The Nutrition Source
www.hsph.harvard.edu/nutritionsource
Harvard Medical School
Harvard Health Publications
www.health.harvard.edu

Lotería de los Grupos de Comida

Sea el/la primero/a en su clase en completar una hilera—identifique un ejemplo de cada grupo de comida.

B	I	N	G	O
Productos Lácteos	Proteína	Verduras	Fruta	Granos
Combinación	Fruta	Productos Lácteos	Proteína	Verduras
Fruta	Granos	¡Libre!	Combinación	Proteína
Productos Lácteos	Proteína	Verduras	Fruta	Granos
Combinación	Verduras	Productos Lácteos	Proteína	Verduras

El Arcoíris de Frutas y Verduras de mí Familia

¿Qué tan colorido está su plato?

Llene la gráfica con las frutas y verduras que usted y su familia comen más. ¿Cuáles colores le faltan?

Comidas Verdes	Comidas Rojas
Comidas Amarillas/Anaranjadas	Comidas Azules/Moradas
Comidas Blancas	Otras

¡Coma el Arcoíris!

¿Cuáles colores se come usted más?

Las frutas y verduras de diferentes colores están llenas de diferentes nutrientes. ¿Cómo puede añadirle variedad a su dia?

Comidas Verdes

- Bajan sus posibilidades de contraer cáncer
- Mantienen sus ojos saludables
- Mantienen sus huesos y dientes fuertes

¡Inténtelo!

espinacas
apio
judías verdes
brócoli
repollo
col de china
pepinos
espárragos
kale
alcachofa
melaza
uvas verdes
manzanas verdes
limas
aguacates

Comidas Amarillas/Anaranjadas

- Mantienen su corazón saludable
- Mantienen sus ojos saludables
- Bajan sus posibilidades de contraer cáncer
- Evitan que se resfríe

¡Inténtelo!

zanahorias
camotes
pimientos amarillos
calabazas
piña
papayas
melón
mandarinas
mangos
naranjas
limones
duraznos

Comidas Rojas

- Mantienen su corazón saludable
- Mantienen su vejiga saludable
- Mantienen su memoria fuerte
- Bajan sus posibilidades de contraer cáncer

¡Inténtelo!

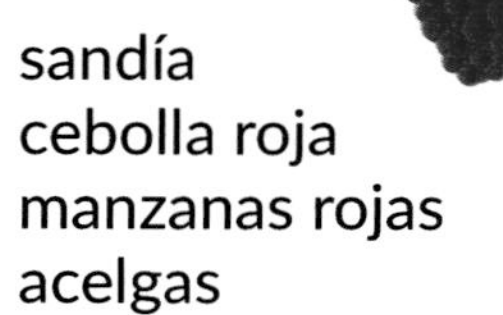

tomates
pimientos rojos
repollo rojo
fresas
cerezas
sandía
cebolla roja
manzanas rojas
acelgas

Comidas Azules/Moradas

- Permanece saludable cuando envejece
- Mantienen su memoria fuerte
- Mantienen su vejiga saludable
- Bajan sus posibilidades de contraer cáncer

¡Inténtelo!

berenjena
repollo morado
pasas
la mora azul
zarzamoras
uvas moradas

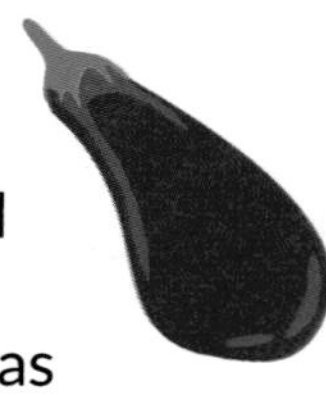

Comidas Blancas

- Mantienen su corazón saludable
- Mantienen buenos niveles de colesterol
- Bajan sus posibilidades de contraer cáncer

¡Inténtelo!

cebolla
cebolla cambray
coliflor
cebollinos
jengibre
ajo
hongos
jícama
hinojo

Sepa los Tamaños de sus Porciones

¿Qué tan grande es una porción?

Compare las cantidades de abajo. ¿En general, come más o menos que estas?

» **Granos:** 1 rebanada de pan, 1 tortilla, 1 panqueque, ½ taza de pasta o arroz cocidos

» **Verduras:** 1 pieza mediana: 1 tomate, 2 zanahorias, 1 mazorca, 9 floretes de brócoli; 1 taza de verduras de hoja verde

» **Fruta fresca:** 1 pieza mediana: 1 mango, 1 pera, 2 albaricoques, 20 uvas, 1 rebanada de sandía, 6 rebanadas de duraznos enlatados

» **Otras frutas:** ¼ de taza de fruta seca, 6 oz. (¾ de taza) de jugo 100% de fruta o vedura

» **Queso:** 1.5 oz (1 dedo índice, 1 dedo medio)

» **Otros lácteos:** 8 oz. de leche o yogur

» **Carne y pescado:** 3 oz. (el tamaño de la palma de su mano)

» **Botanas:** 1 oz de nueces (1 puño), totopos o pretzels (2 puños)

» **Alimentos procesados:** asegúrese de comprobar el tamaño de porción en la etiqueta, ya que tendemos a comer mucho más de lo que indica la etiqueta

Consejos para el control de porciones

» Use platos y tazas más pequeños. Su porción parecerá más grande de lo que es.

» Lea las etiquetas de datos nutricionales para saber el tamaño de las porciones y el conteo de calorías.

» Ordene o sírvase porciones más pequeñas.

» Comparta las porciones grandes o separe una parte para llevar a casa.

» No coma directamente de la bolsa.

» No coma frente a la TV u el otro aparato—le distrae y se ha demostrado que hace que la gente coma más.

» Traiga consigo botanas saludables si va a salir por periodos largos, una pequeña bolsa de nueces, palitos de zanahoria o una pieza de fruta son opciones buenas.

Comparación de Tamaños de Porciones con la Mano

¿Qué tan grande es una porción?

¿En general, come más o menos que estas porciones recomendadas?

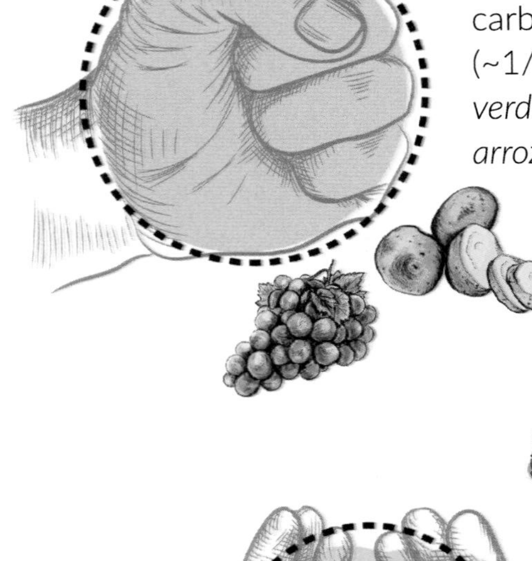

Puño
Porción de carbohidratos (~1/2 taza)—*fruta, verduras cocidas, frijoles, arroz o cereal*

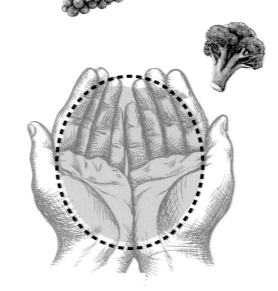

Puñado
Porción de refrigerios (~1/4 taza)—*nueces o frutas secas; doble para papas fritas o pretzels*

Dos Puñados
Porción de ensalada (~2 tazas)—*espinacas frescas, lechuga*

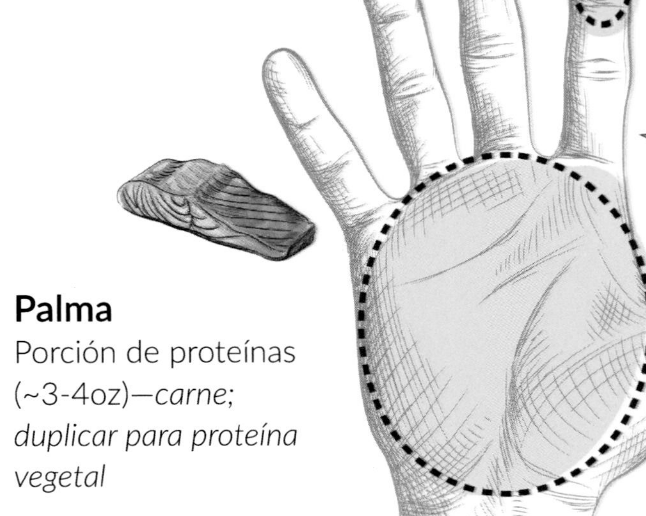

Punta de dedo
Porción de grasas (~1 cucharadita)—*aceites, mantequilla o mayonesa*

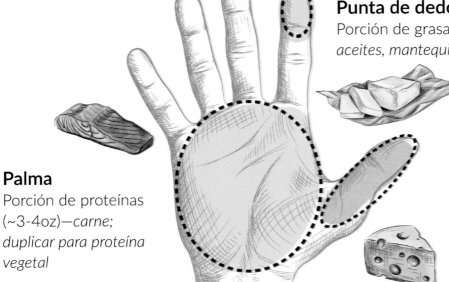

Palma
Porción de proteínas (~3-4oz)—*carne; duplicar para proteína vegetal*

Dedo gordo
Porción de lácteos (~2 cucharadas)—*queso o mantequilla de maní*

COMO ESCOGER COMIDAS ENTERAS

Los Héroes y Heroínas de la Tienda de Abarrotes

¿Cuáles de estos héroes y heroínas de la tienda de abarrotes come frecuentemente? ¿Cuáles podría añadir a su dieta?

Aceite de Oliva

- **Beneficios:** Ayuda a controlar el azúcar y reduce la inflamación.
- **Usos:** ¡Diariamente! Es mejor para cocinar a fuego bajo. Cubra las verduras y la carne para saltearlas o hornearlas. Haga aderezo para ensaladas: mezcle 3 partes de aceite de oliva con 1 parte de jugo cítrico o vinagre.

Salmón y Otros Pescados de Agua Fría como Sardinas y Caballas

- **Beneficios:** Los ácidos grasos Omega-3 pueden mejorar la sensibilidad de la insulina y reducir la inflamación. También protegen contra las enfermedades del corazón.
- **Usos:** Hornéelo o aselo en el horno con un poco de aceite de oliva, sal, y pimienta. Note que el pescado enlatado es una opción fácil y menos cara, frecuentemente con beneficios nutricionales similares a los del pescado fresco.

Especias como Canela, Jengibre, y Chile

- **Beneficios:** Algunas especias tienen cualidades que promueven la salud. La canela puede ayudar a bajar el colesterol y la azúcar de la sangre. El jengibre puede ayudar con la digestión.
- **Usos:** Añádaselas a cualquier cosa para un poco más de picante, desde las manzanas horneadas al curry.

Frutas del Bosque

- **Beneficios:** Están llenas de antioxidantes y bajan el riesgo de enfermedades del corazón y de cáncer.
- **Usos:** Cómalas como una botana o añádalas al yogur o cereal. Note que las frutas del bosque congeladas no están tan caras, una buena forma de disfrutarlas durante todo el año.

Verduras Verdes como Brócoli, Col de Bruselas, Kale, y berza

- **Beneficios:** El calcio, el ácido fólico, y la vitamina K ayudan a mantener los huesos fuertes y protegen contra las enfermedades del corazón. ¡Están llenas de fibra!
- **Usos:** Cocínelas al vapor y rocíelas con aceite de oliva o aderezo para ensalada. Córtelos en trozos y revuélvalos con aceite de olida y ajo. Después saételos o rostícelos durante 10 minutos o hasta que estén suaves.

Nueces y Semillas Sin Sal

- **Beneficios:** Tienen grasas saludables, vitaminas, y minerales que bajan su riesgo de diabetes y ayudan a controlar su azúcar de la sangre y su peso.
- **Usos:** Cómalas como una botana, por encima de ensaladas o curries, añádalas al yogur, o juege con diferentes mantequillas de nueces o semillas.

Ajo

- **Beneficios:** Baja el colesterol. Ayuda a controlar la azúcar y la presión de la sangre. Apoya a un sistema inmunológico fuerte.
- **Usos:** Añádalo picado finamente, como ajo fresco, a las sopas, estofados, vegetales salteados, y salsas. Añada ajo en polvo (no sal de ajo) con mantequilla o aceite a las papas machucadas, fideos cocidos, o al cuscús.

EatFresh.org tiene cientos de recetas que usan los ingredientes de arriba.

Escoger y Usar Grasas Saludables

¿Cuáles son las grasas "saludables?"

Las grasas saludables son las que su cuerpo necesita para funcionar adecuadamente, y se pueden encontrar en alimentos enteros como los aguacates, el pescado, las nueces, y las semillas. Las grasas y los aceites también son extraídos de los alimentos enteros para usarse para cocinar. ¡Algunas grasas y aceites promueven la salud, mientras que otras no!

Grasas Saturadas	Grasas Insaturadas		Grasas Trans
	Monoinsaturadas	Poliinsaturadas	
» vienen principalmente de los animales y del coco » son principalmente solidas a temperatura ambiente » pueden ser no muy saludables en cantidades grandes » pueden ser no muy saludables cuando están muy bien procesadas o	» vienen principalmente de las plantas » son muy saludables » pueden no ser saludables cuando se sobrecalientan	» vienen de las plantas y animales, especialmente los pescados » son saludables en cantidades limitadas » pueden no ser saludables cuando estén procesadas o sobrecalentadas	» son elaboradas principalmente de aceites de plantas » actúan como grasas saturadas sólidas, pero son más estables » no son saludables
Se encuentran en: productos lácteos (mantequilla, crema); carnes grasosas; productos de coco	Se encuentran en: los productos de cacahuates; algunas nueces y semillas y sus aceites; aguacates; aceite de oliva	Se encuentran en: algunas nueces y semillas y sus aceites; aceite de maíz; aceite de soya; algunos pescados	Se encuentran en: algunas nueces y semillas y sus aceites; aceite de maíz; aceite de soya; algunos pescados

Aún algunas grasas saludables se hacen no saludables cuando se hacen rancias o se sobrecalientan. **El punto de humeo** es la temperatura en la cual un aceite se empieza a quemar.

Recuerde: Una vez que un aceite se empieza a humear, ya no es saludable para comerse. Y nunca use aceite con un sabor u olor amargo—¡está rancia!

» Use el aceite de oliva para aderezos de ensaladas y cocínela a fuego bajo.

» Use mantequilla, aceite de coco, o aceite de canola para cocinar a fuego medio.

» Use otros aceites vegetales refinados para cocinar a fuego alto; limite sus usos en total.

» Evite las grasas hidrogenadas o la manteca para cocinar.

¿Hace diferentes elecciones de comida cuando está lejos de su casa?

Es fácil de querer consentirse cuando vaya a comer afuera. Intente:

» Reconsiderar lo que bebe: elija el agua sobre las opciones azucaradas.

» Pedir salsas y aderezos al lado. ¡Sumerja en lugar de verter!

» Elejir salsa y mostaza en lugar de mayonesa y aceite.

» Evitar los platillos con estas palabras: gratinado, empanizado, con mantequilla, con sabor a queso, cremoso, salsa, festoneado, frito, batido.

» Elejir platillos con estas palabras: horneado, asado, escalfado, a la parrilla, tostado, al vapor.

» Compartir los platos principales con sus amigos.

» Considerar cuidadosamente el tamaño de las porciones (vea las paginas 35 para una guía). ¿Se puede satisfacer su antojo de papas fritas satisfacerse con una orden pequeña en lugar de una grande?

» Si las porciones están muy grandes, déjelas a un lado para llevárselas a casa antes de empezar a comérselas otra vez.

» Llevar la comida a casa y agregue una guarnición de verduras crudas o fruta para completar la comida.

» Manejar por el drive-thru: es difícil encontrar comida rápida cuando ande de carrera.

¡Inténtelo! **Intente hacer una comida de MiPlato usando este menú. ¿Cuáles platillos no cabrían en MiPlato para nada?**

Platos de Entrada y de Acompañamiento $4

Papitas Fritas Caseras de Camote

Totopos y Guacamole

Sopa de Pedazos de Chícharo

Sopa de Pollo Y arroz

Ensalada de Fruta Pequeña con Granola

Ensalada de Jardín pequeña

Platos Fuertes................................ $7

2 Huevos con un Bizcocho o Tortillas de Maíz

Hamburguesa (queso añadido, 50¢)

Sándwich a la Parilla con Queso y Jitomate

Hamburgesa de Hongos en Pan Integral

Ensalada de Atún Revuelta

Una Ensalada de Jardín Grande con Pollo Rostizado

Chile Vegetariano con 3 Frijoles

Bebidas y Postres............................ $3

Jugo freso pequeño de naranja o zanahoria,

Leche

Refresco Grande

Manzana Horneada

Dulce de Azúcar de Chocolate

Comiendo Comidas en Temporada

¿Qué está creciendo cerca de usted ahora?

Ciertas frutas y verduras crecen en ciertas épocas del año. Las frutas y verduras frescas que se consumen en temporada mejoran el sabor y proporcionan más beneficios nutricionales que aquellas que se comen fuera de temporada. Por ejemplo, una fresa que se come en verano será más dulce y contendrá más vitamina C que una fresa en diciembre. **El siguiente cuadro describe las frutas y verduras que verá en su despensa y mercados de agricultores locales durante cada temporada.**

Disponible Todo el Año

» Remolachas
» Repollo
» Zanahorias
» Coliflor
» Mushrooms
» Cebollas
» Naranjas
» Papas
» Espinacas

Verano

» Frutas del bosque
» Duraznos, ciruelas, chabacanos, cerezas
» Maíz
» Berenjena
» Uvas
» Peras
» Tomates
» Sandía
» Calabacita

Otoño

» Manzanas
» Chiles
» Camotes
» Calabaza de invierno

Winter-Spring

» Espárragos
» Calabazas duras
» Camotes
» Nabos y brócoli

Haga que la Mitad de sus Granos sean Integrales

¿Por qué elegir los granos integrales?

Considere las formas de añadir granos integrales ricos en fibra a sus comidas.

En general, los granos integrales son más oscuros en color y más fuertes en el sabor que los granos y harinas refinadas. Se ha demostrado que estos bajan el riesgo de la diabetes, las enfermedades del corazón, el colesterol alto, y la presión arterial alta.

Un grano entero contiene el germen, endospermo, y el salvado, mientras que el grano procesado solo contiene el endospermo. El germen y el salvado son las partes más ricas en nutrientes del grano, y las más altas en fibra. Revise la lista de ingredientes para asegurarse de obtener un producto de grano entero: el primer ingrediente debe listar algo como "trigo entero" y no solo "trigo."

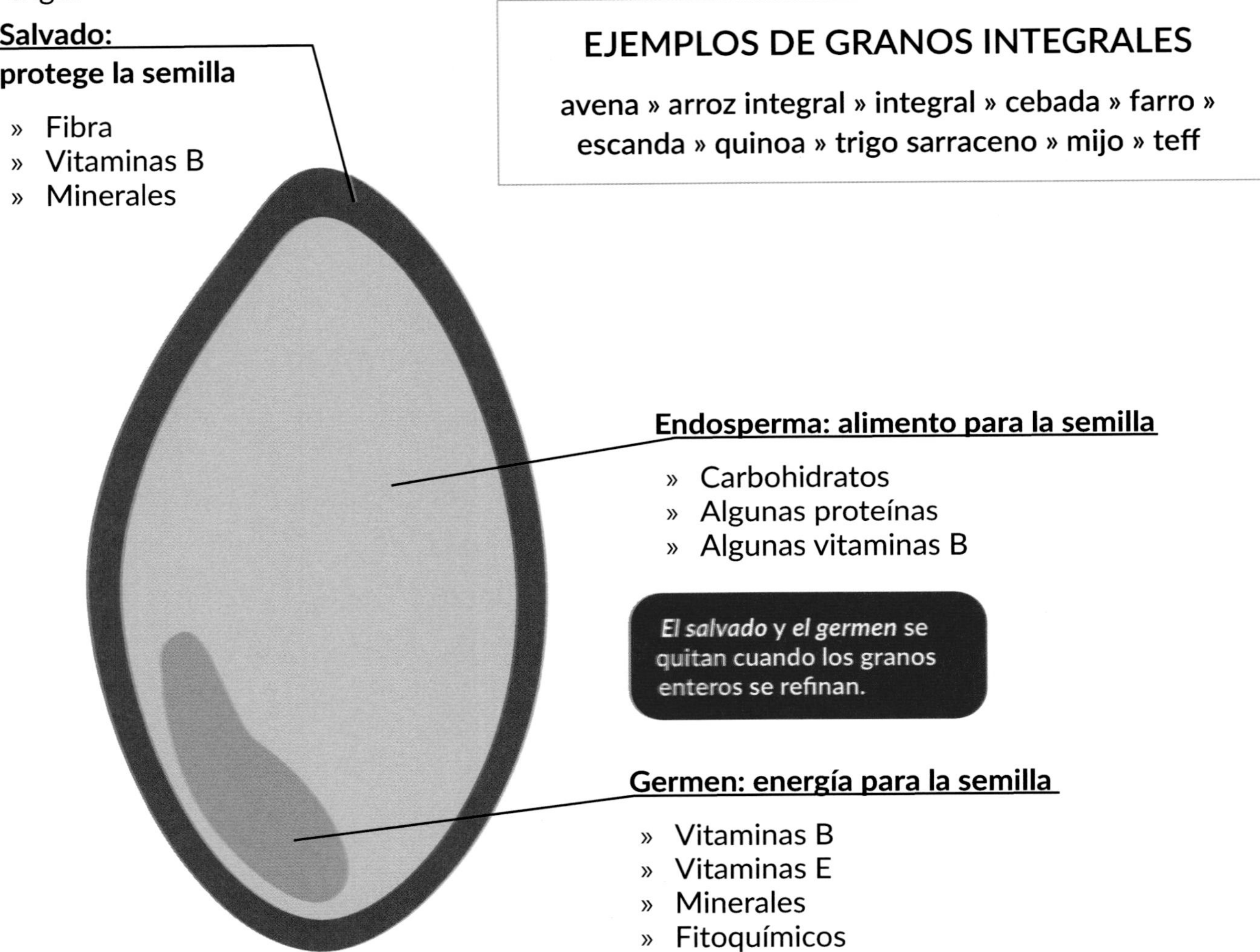

¿SABÍA QUÉ? Una dieta rica en fibra, como se encuentra en los granos integrales y los frijoles, ayuda la digestión y lo/a mantiene lleno/a por más tiempo. Asegúrese de obtener 3 porciones de granos integrales y 4½ tazas de frutas y verduras cada día para la cantidad recomendada de fibra.

Reconsidere su Bebida

¿Cuánta azúcar tiene su bebida favorita?

» Use los Datos de Nutrición para averiguarlo.

» ¡Revise el número de raciones por envase! ¿Se tomará más que una?

» Para cada ración, haga las cuentas: gramos de azucar ÷ 4 = cucharaditas de azúcar
Por ejemplo: 40g de azúcar ÷ 4 = 10 cucharaditas de azucar

¡Inténtelo! Ahora haga la cuenta en estas otras bebidas. ¿Cuántas cucharaditas de azúcar hay en cada ración? ¿En cada botella o lata?

ORANGE SODA

Nutrition Facts
Serving Size 8 oz.
Servings per Container 2

Amount per Serving	
Calories 168	Calories from Fat 0
Total Fat 0g	
Saturated Fat 0g	
Trans Fat 0g	
Cholesterol 0mg	
Sodium 50mg	
Total Carbohydrate 42g	
Dietary Fiber 0g	
Sugars 42g	
Protein 0g	
Vitamin D 0%	Calcium 0%
Potassium 0%	Iron 0%

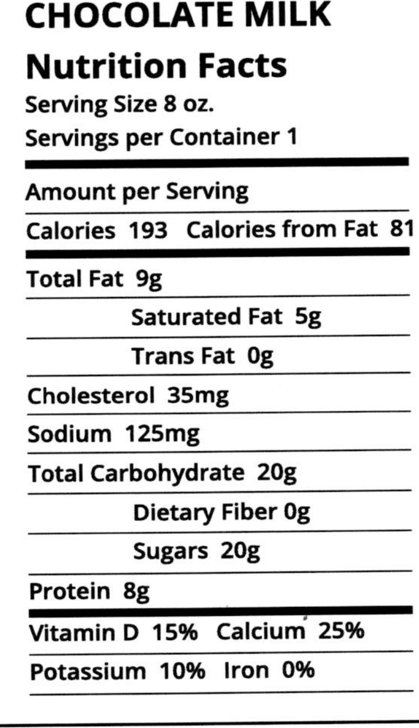

CHOCOLATE MILK

Nutrition Facts
Serving Size 8 oz.
Servings per Container 1

Amount per Serving	
Calories 193	Calories from Fat 81
Total Fat 9g	
Saturated Fat 5g	
Trans Fat 0g	
Cholesterol 35mg	
Sodium 125mg	
Total Carbohydrate 20g	
Dietary Fiber 0g	
Sugars 20g	
Protein 8g	
Vitamin D 15%	Calcium 25%
Potassium 10%	Iron 0%

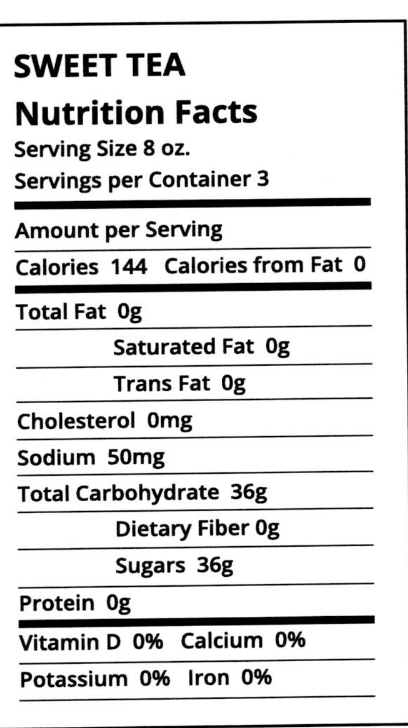

SWEET TEA

Nutrition Facts
Serving Size 8 oz.
Servings per Container 3

Amount per Serving	
Calories 144	Calories from Fat 0
Total Fat 0g	
Saturated Fat 0g	
Trans Fat 0g	
Cholesterol 0mg	
Sodium 50mg	
Total Carbohydrate 36g	
Dietary Fiber 0g	
Sugars 36g	
Protein 0g	
Vitamin D 0%	Calcium 0%
Potassium 0%	Iron 0%

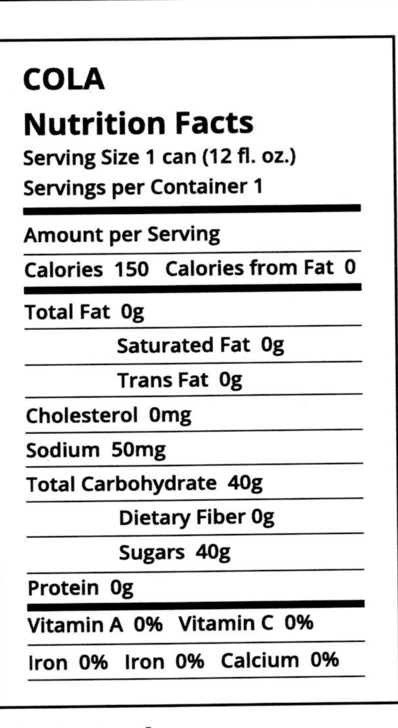

COLA

Nutrition Facts
Serving Size 1 can (12 fl. oz.)
Servings per Container 1

Amount per Serving		
Calories 150	Calories from Fat 0	
Total Fat 0g		
Saturated Fat 0g		
Trans Fat 0g		
Cholesterol 0mg		
Sodium 50mg		
Total Carbohydrate 40g		
Dietary Fiber 0g		
Sugars 40g		
Protein 0g		
Vitamin A 0%	Vitamin C 0%	
Iron 0%	Iron 0%	Calcium 0%

[el contenido continúa en la página siguiente...]

¡Mejor Tome Agua!

- Añada limón a su agua para darle más sabor. O pruebe la receta de abajo.
- Experimente con agua caliente, fría, y a temperatura ambiente para ver cuál le gusta mejor
- Tenga un vaso de agua en la mesa durante cada comida, y cerca cuando esté trabajando.
- Beba un vaso de agua en la mañana después de despertarse
- Beba agua en vez de comer botanas
- Beba agua cuando coma afuera. ¡Es gratis!
- ¡Note que, en muchos lugares, el agua de la llave se mantiene a un criterio más alto que el agua embotellada! El agua embotellada también se sienta en plástico. Esto puede ser dañino para la salud y para la Tierra. Considere ahorrarse dinero convirtiéndose verde—tome agua de la llave local en un vaso reusable o una botella de metal.

Receta de Agua Saborizada

Llene una jarra con agua fría.

Añada ½ taza de pepinos rebanados delgaditos y ½ taza de hojas frescas de menta. Enfríela en el refrigerador. ¡Disfrútela!

Pruebe diferentes combinaciones de sabores:

- Rebanadas delgaditas: limón amarillo, limón verde, naranja, toronja, pepino, manzana, frutos del bosque, melón, piña, jengibre fresco
- Hojas o tallos de hojas enteras frescas: mentas, albahaca, romero, perejil

Haga Estas Comidas Saludables

¿Cómo haría que estos alimentos fueran más saludables?

Use las directrices de MiPlato o del plato de comida saludable como ayuda. Incluya más verduras, granos enteros, legumbres, frutas y productos lácteos... ¡y su imaginación!

Plato 1	Plato 2	Plato 3	Plato 4	Plato 5
Pollo frito Arroz blanco Ensalada con lechuga y pepinos Leche entera	Hamburguesa en pan blanco Papitas fritas Malteada	Pasta Salsa de tomate Pan de ajo con mantequilla Refresco	Fideos Papitas Jugo	Salteado con carne y arroz blanco

Proceda, Pase Lentamente, ¡PÁRESE!

¿Cuáles comidas son saludables para comer todos los días? ¿Cuáles son mejor evitar?

Para ayudarle a decidir, podemos agrupar las comidas de acuerdo a los colores de un semáforo.

- Una comida Proceda es una comida fresca y entera. Queremos comer principalmente comidas Adelante.
- Una comida Pase Lentamente está procesada mínimamente, y muchas veces puede ser una opción saludable.
- Una comida Párese es una que está altamente procesada y que deberíamos evitar comer.

¿Qué ejemplos le añadiría a cada grupo?

◯ Proceda

- Mazorca
- Arroz integral
- Una naranja
- Leche

Mas ejemplos: ____

◯ Pase Lentamente

- Arroz en lata
- Arroz blanco
- Jugo de naranja
- Yogur

Mas ejemplos: ____

◯ ¡PÁRESE!

- Corn Flakes (u otro cereal genérico hecho de maíz)
- Dulces de cereal y arroz
- Refresco de naranja
- Rebanadas de queso americano

Mas ejemplos: ____

Juego de los Granos

¿Puede identificar diferentes granos integrales?

Los granos integrales son una alternativa nutritiva y sustanciosa a los granos refinados como la pasta blanca. Experimente usándolos en sopas y ensaladas, como bases de ensaladas, cereales del desayuno, o platillos de guarnición.

___ AMARANTO: Combine 1 taza de amaranto con 2½ tazas de agua en una vasija y póngala a hervir. Cúbrala y hiérvala a fuego lento durante 20 minutos, hasta que el agua se absorba. El amaranto también se puede hacer como las palomitas en un sartén.

___ CEBADA: Añada 1 taza de cebada a 3 tazas de agua hirviendo, cúbrala y cocínela durante 45 minutos o hasta que la cebada esté tierna y el agua se absorba. Elija la cebada integral en lugar del de perlas para más nutrientes.

___ ALFORÓN: (o kasha): Ponga 1 taza de alforón en una olla y cúbrala con 2 tazas de agua. Cúbrala y hiérvala durante 15-20 minutos o hasta que el agua se absorba. El alforón no tiene gluten.

___ TRIGO BULGUR: Cuanto más fino sea el bulgur, más corto será el tiempo de cocimiento. Para un molido medio, vacíe 2½ tazas de agua hirviendo sobre 1 taza de bulgur. Cúbralo y déjelo reposar durante 30 minutos, o hasta que el agua se absorba. El trigo bulgur es una gran opción para una cocina limitada.

___ CUSCÚS: Ponga a hervir 1½ tazas de agua en una cacerola, retire del fuego, agregue 1½ tazas de cuscús, cúbralo y déjelo reposar durante 5-10 minutos, luego suavice con un tenedor. El cuscús es una gran opción para una cocina limitada. Elija el cuscús integral para más nutrientes.

___ MIJO: Añada 1 taza de mijo a 2½ tazas de agua en una cacerola. Ponga a hervir, cúbralo y hiérvalo a fuego lento durante 25 minutos. Para hacerlo más cremoso, añádale agua y muévalo con frecuencia mientras cocina.

___ AVENA: Cocine 1 taza de avena en 2 tazas de agua. Para avena enrollada, cocínela durante 15 minutos y para avena cortada, cocínela durante 30 minutos.

___ QUINUA: Ponga a hervir 1½ tazas de agua y añada 1 taza de quinua enjuagada. Cúbrala y cocínela durante 15 minutos. La quinua no tiene gluten.

___ GRANOS DE TRIGO: Ponga a hervir 3 tazas de agua y añada 1 taza de granos de trigo. Póngalo a hervir a fuego lento durante 45 minutos y vacíe el agua antes de servir.

___ ARROZ INTEGRAL: Hierva 2 tazas de agua y añada 1 taza de arroz. Cúbralo y cocínelo durante 45 minutos.

Juego de los Frijoles

¿Cuáles frijoles conoce?

Los frijoles son una gran fuente de proteínas y fibra, y se ha demostrado que reducen el colesterol y la presión arterial, reducen el riesgo de ciertos tipos de cáncer y ayudan con la digestión. Enjuague y escoja sus frijoles antes de remojarlos o cocinarlos para tirar cualquier frijol descolorido. No use sal ni ingredientes ácidos hasta que los frijoles hayan terminado de cocinarse, de lo contrario los frijoles podrían no ablandarse. Use los frijoles en sopas, ensaladas, burritos o tacos, o molidos para hacer un dip.

__ SOYA: Se usa para hacer leche de soya, tofu y tempeh. Póngala a remojar durante 8 horas o toda la noche. El agua se elevará mientras se cocina la soya, así que asegúrese de que los granos secos solo lleguen a ¼ de la altura de la olla, y el agua debe llegar a ⅓ de la altura de la olla. Cocínela durante 3 horas.

__ GARBANZOS: Se utilizan para hacer humus y falafels, además de ser una gran adición a sopas y ensaladas. Remójelos durante la noche, luego cuélelos y cúbralos con el doble de la cantidad de agua que los frijoles. Cúbralos y cocínelos durante 1 hora.

__ FRIJOLES NEGROS: Póngalos a remojar toda la noche, luego quíteles el agua y cúbralos con 3 tazas de agua por cada taza de frijoles. Cocínelos entre 45 minutos y 1 hora.

__ CHÍCHAROS: No hay necesidad de remojar los chícharos, solo hierva 1 taza de chícharos con 3 tazas de agua y cocínelos a fuego lento durante 30-45 minutos.

__ FRIJOLES ROJOS: Póngalos a remojar toda la noche, quíteles el agua y cubra 1 taza de frijoles con 2 tazas de agua fresca. Hiérvalos durante 1½-2 horas.

__ LENTEJAS: Un ingrediente rápido y versátil lleno de proteínas saludables. Hay muchas variedades diferentes, pero todas pueden cocinarse de la misma manera. No hay necesidad de remojar las lentejas, simplemente cocine 1 taza de lentejas con 2 tazas de agua durante 20-45 minutos, dependiendo de su tamaño.

__ HABAS: Póngalas a remojar toda la noche, quíteles el agua y cubra 1 taza de habas con 3 tazas de agua. Cocínelas durante 1-1½ hora.

__ FRIJOLES CARITA: (o frijol castilla): A menudo se utilizan en la cocina del sur. No hay necesidad de remojar los frijoles, solo cubra una taza de frijoles con 3 tazas de agua en una cacerola grande y hiérvalos durante 45 minutos a 1 hora.

__ FRIJOLES PINTO Y ____ FRIJOLES BLANCOS: Póngalos a remojar toda la noche, quíteles el agua y cubra 1 taza de frijoles con 3 tazas de agua. Cocínelos durante 1-1½ hora.

¡No me Llames Azúcar!

Hay muchos nombres para la azúcar añadida a la comida. ¿Puede encontrar las que estén escondidas aquí?

BARLEY MALT
BROWN SUGAR
CANE JUICE
CORN SYRUP
DEXTRIN
DEXTROSE
FRUCTOSE
GLUCOSE
HONEY
LACTOSE
MALTOSE
MAPLE SYRUP
MOLASSES
SWEETENER

H	O	N	E	Y	F	E	M	A	T	R	A	P	S	A
M	E	N	U	K	S	W	E	E	T	E	N	E	R	N
T	A	N	I	R	A	H	C	C	A	S	E	H	F	A
U	R	R	S	O	R	B	I	T	O	L	O	M	R	Y
R	N	I	R	T	X	E	D	C	R	A	C	A	U	W
G	A	S	M	M	E	E	O	J	I	S	L	P	C	T
L	I	G	R	B	A	R	L	E	Y	M	A	L	T	E
U	E	T	U	Y	N	M	X	Q	O	E	C	E	O	E
C	S	E	S	S	A	L	O	M	S	E	T	S	S	W
O	U	L	Y	L	N	K	L	O	T	L	O	Y	E	S
S	O	R	T	H	Y	W	R	E	T	C	S	R	B	A
E	U	O	D	H	T	T	O	O	N	L	E	U	H	R
P	S	T	P	G	X	V	Z	R	T	U	P	P	F	T
E	T	C	M	E	W	B	C	A	B	D	M	G	A	U
S	T	R	D	B	C	A	N	E	J	U	I	C	E	N

PILÓN ¿Puede encontrar los endulzantes artificiales también?

ASPARTAME NUTRASWEET SACCHARIN SORBITOL

La Lista de Alimentos de Leah's Pantry que Sí DEBERÍA COMER

¿Cuáles son los alimentos saludables a los que usted va siempre?

Revise la lista de abajo. ¿Ve algunos de sus favoritos?

Granos Integrales y Otros Carbohidratos Complejos

Algunos carbohidratos son "complejos." Estos toman mucho trabajo para que su cuerpo los descomponga. Estos les proveen más nutrientes y les ayudan a sentirse llenos durante más tiempo. *Ejemplos: arroz integral, productos de trigo integral (pan, tortillas), avena, quinua, amaranta, lentejas, frijoles, y frutas y verduras almidonadas.*

Grasas Saludables

El cuerpo necesita diferentes tipos de grasa para la salud. Sin grasa, el cuerpo no puede usar algunas vitaminas. Los cerebros de los niños necesitan grasas saludables también. Las grasas son lentas para digerirse. Esto les puede ayudar a sentirse llenos durante más tiempo. Escoja las grasas en su estado natural. *Ejemplos: aguacates, nueces enteras y mantequillas de nueces (bajas en sal o sin sal), cacahuates o mantequilla de cacahuate, olivas y aceite de oliva, semillas, pescados grasosos como el salmón y las sardinas.*

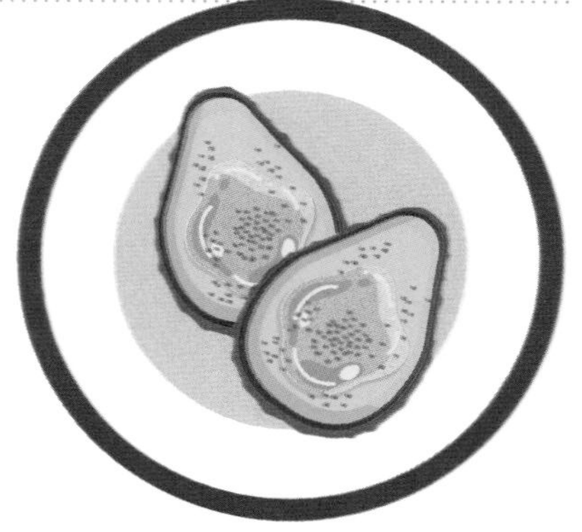

Verduras Coloridas

Las frutas y verduras de diferentes colores tienen nutrientes diferentes. Para obtener una variedad, intente "comer el arcoíris" cada día. Disfrútelas crudas y cocinadas en diferentes formas, también. Disfrute las hojas verdes lo más frecuentemente que se le haga posible.

La Lista de Alimentos de Leah's Pantry que Sí DEBERÍA COMER (CONTINUADO)

Frutas Enteras

Las frutas enteras y frescas tienen azúcares naturales en cantidades pequeñas. Estas azúcares le dan energía rápida. También vienen empaquetadas con vitaminas, minerales, y fibra. Escoja frutas coloridas. Disfrútelas crudas o cocinadas mínimamente.

Proteínas de las Plantas

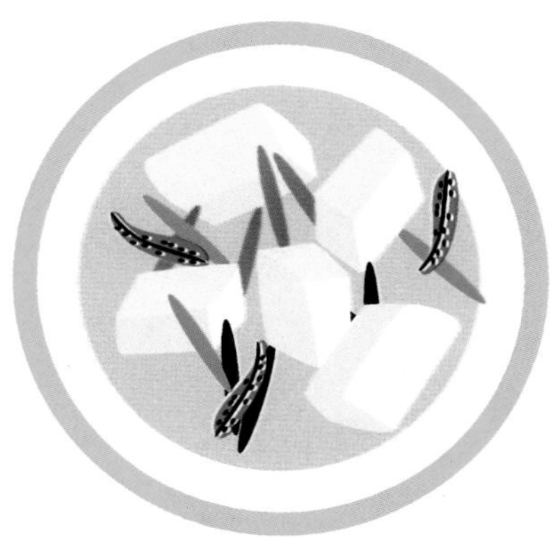

Ya sea o no sea vegetariano/a, disfrute algunos alimentos con proteínas de las plantas. Estos comidas frecuentemente tienen más fibra y menos grasa saturada que los productos animales. También pueden ser más baratas y se pueden mantener por más tiempo. *Ejemplos: frijoles, lentejas, nueces y mantequillas de nueces, semillas y mantequillas de semillas, tofu, y tempeh.*

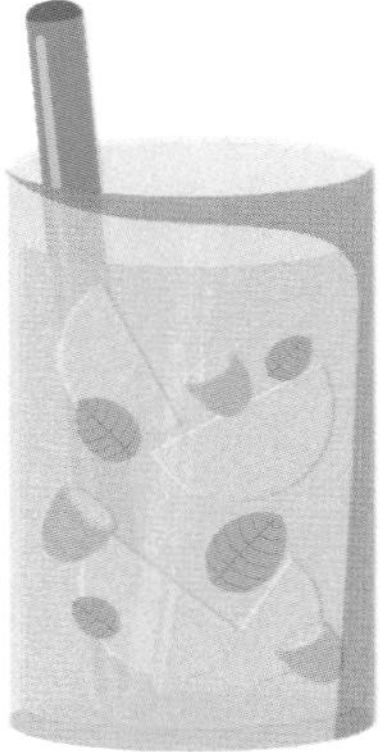

Bebidas Saludables

Las bebidas más saludables no tienen azúcares añadidos. Están hechas con agua limpia y/o solo con ingredientes enteros naturales. Se pueden saborear con frutas, hierbas, o extracto de vainilla. *Ejemplos: agua saboreada con fruta fresca, tés herbales, leche sin endulzar o sustitutos de la leche (ej. leche de almendra o soya).*

¡Inténtelo!

¿Puede hacer una Meta SMART sobre añadir uno de estos alimentos a su dieta? Para ideas de recetas, visite EatFresh.org.

¿FALSO o VERDAVERO?
Las comidas saludables siempre cuestan más que las que no son.

Cambiar a alimentos más saludables no significa necesariamente gastar más.

En lugar de...	Pruebe...	Costo
papitas fritas	palomitas	\$0.85 en vez de a \$0.45 p/porción
arroz blanco	arroz integral	las bolsas de 5 lb de precio igual, al mayoreo valen mucho menos que en caja
pasta blana	pasta de trigo integral	a veces el mismo precio
tortillas de harina blanca	tortillas de maíz o de trigo integral	las de maíz son más económicas, las blancas y de trigo integral son comparables
papas blancas	camotes	los camotes son más económicos, pero con MUCHA menos nutrición
cereales azucarados "infantiles"	avena con miel y fruta seca	\$4 por caja en vez de a 42 oz. por \$1.99
pan blanco	pan de trigo integral o de grano integral	el pan blanco es menos caro, pero no tiene valor nutricional

COMO SER UN/A CONSUMIDOR/A INTELIGENTE

Etiquetas de Alimentos— Datos de nutrición

¿Qué busca en una etiqueta de datos de nutrición?

Hay mucha información que leer; trate de escoger un par de cosas en las cuales enfocarse a la vez.

① Revise los tamaños de porción y las porciones por envase. Recuerde que la etiqueta de datos de nutrición pertenece a una porción. Su empaque puede tener más de una porción. Si está comiendo dos porciones, entonces necesita duplicar todo en las etiquetas.

② Las calorías le dicen cuánta energía obtiene de comer una porción de ese alimento. Las calorías de la grasa le muestran cuántas calorías provienen de ella. Libre de grasa no significa que esté libre de calorías. Los artículos libres de grasa, bajos en grasa y reducidos en grasa pueden tener la misma cantidad de calorías que la versión de grasa entera.

③ La grasa saturada, la grasa trans, el colesterol y el sodio deben limitarse para ayudar a reducir el riesgo de enfermedades del corazón. Tenga cuidado—la grasa total en la etiqueta podría incluir monoinsaturados y poliinsaturados, que son "grasas buenas" que pueden ayudar a reducir el colesterol en la sangre. Limitar el sodio puede ayudar a reducir el riesgo de hipertensión. Los alimentos con "cero grasa trans" no siempre significa que está libre de grasa trans. La ley permite una pequeña cantidad de grasa trans por porción en los alimentos. Lea la lista de ingredientes y busque "aceites parcialmente hidrogenados" para ver si la comida tiene grasa trans.

④ Consuma comidas bajas en azúcares añadidos, grasas saturadas, y sodio. Reduzca las comidas con alto contenido de estos nutrientes.

⑤ La nota de pie de la página indica que el % de valor diario en la etiqueta nutricional se basa en una dieta de 2,000 calorías. Esta es una recomendación. La cantidad que cada persona necesita depende de sus necesidades calóricas. También divida las necesidades de nutrientes para una dieta de 2,500 calorías.

⑥ El valor diario de las etiquetas nutricionales le ayuda a determinar si una porción de ese alimento específico es alta o baja en esos nutrientes. La guía es elegir los productos que son 5% de valor diario o menos para las cosas que desea limitar como la grasa saturada, colesterol y sodio, y 20% de valor diario o más para las cosas que quieres comer más.

[el contenido continúa en la página siguiente...]

Etiquetas de Alimentos— Datos de nutrición (CONTINUADO)

Etiquetas de Nutrición, Estilo Original (Directrices Dietéticas Pre-2015)

	Nutrition Facts	
① Comience aquí	2 servings per container Serving Size 1 cup	
	Amount Per Serving	
② Revise las calorías	Calories 250	
		% Daily Value
③ Limite estos nutrientes	**Total Fat** 12g	18%
	Saturated Fat 3g	15%
	Trans Fat 3g	
	Cholesterol 30mg	10%
	Sodium 470mg	20%
	Total Carbohydrate 31g	10%
	Dietary Fiber	0%
	Sugars 5g	
	Protein 5g	
④ Coma suficiente de estos nutrientes	Vitamin D	4%
	Calcium	2%
	Iron	20%
	Potassium	4%
⑤ Nota al pie	* The % Daily Value (DV) tells you how much a nutrient in a serving contributes to a daily diet. 2,000 calories a day is used for general nutrition advice	

⑥ Guía rápida para % VD

5% o menos es bajo

20% o más es alt

Glosario

Servings = Porciones
Container = Paquete
Calories = Calorías
Daily Value = Valor Diario
Fat = Grasa
Cholesterol = Colesterol
Sodium = Sodio
Carbohydrate = Carbohidrato
Fiber = Fibra
Sugars = Azúcares
Protein = Proteína
Vitamin = Vitamina
Calcium = Calcio
Iron = Hierro
Potassium = Potasio
Ingredients = Ingredientes

Etiquetas de Alimentos—Listas de Ingredientes

¿Alguna vez ha visto un artículo raro en una lista de ingredientes?

Algunos de estos solo son nombres nuevos para ingredientes que usted ya conoce. Pero los otros pueden ser químicos o alérgenos que usted no quiere. Circule cualquier ingrediente en verde abajo que a usted le gustaría evitar.

- ❑ Los **granos integrales** (como el trigo integral o la avena) aún tienen todos sus nutrientes originales, incluyendo la fibra y las vitaminas. Los granos integrales lo pueden mantener lleno durante más tiempo que los productos de granos refinados como la harina blanca.

- ❑ Los **colorantes de comida** pueden ser naturales o artificiales. Los colores artificiales son controversiales porque las investigaciones los han asociado con efectos de salud malos. Incluso, muchos han sido prohibidos en los Estados Unidos. Otros como el Azul #1, Azul #2, Rojo #3, y Amarillo #6, han sido prohibidos en otros países, pero aún están disponibles en EE.UU.

- ❑ Las grasas y aceites **hidrogenadas** han sido preparadas para durar un largo tiempo. Los fabricantes las usan en los productos horneados como los panes y las galletas. Sin embargo, estas son unas grasas dañinas. Estas pueden aumentar su riesgo de enfermedades del corazón, por lo tanto, evítelas.

- ❑ La **fructosa** es un tipo de azúcar natural que se encuentra en las frutas y en algunas verduras. El **jarabe de maíz alto en fructosa** es un endulzante hecho al concentrar la fructosa del maíz. Los fabricantes lo usan—especialmente en los refrescos—porque es más barato y más dulce que la azúcar blanca. Pero debido a que la azúcar esta tan concentrada en el jarabe de maíz alto en fructosa, es fácil de comer mucho.

- ❑ La **sucrosa** es la misma que el azúcar blanco de mesa.

- ❑ El **glutamato monosódico** (MSG, por sus siglas en inglés) es un potenciador del sabor. Se usa para "estrechar" los sabores carnosos en comidas procesadas baratas sin mucho sabor natural. Este aditivo puede causar dolores de cabeza, fiebre, y síntomas de toxicidad en algunas personas. Los **extractos de levadura** y **las proteínas hidrolizadas** son usadas en la misma manera.

- ❑ El **aspartamo, la sacarina, el acesulfamo**, y **la sucralosa** son edulzantes artificiales con pocas o sin calorías. Estas son controversiales porque pueden aumentar su apetito para las comidas dulces. Los estudios demuestran que algunas pueden ser adictivas. La **Stevia** es un endulzante de bajas calorías de la planta stevia.

- ❑ Los **sabores naturales** no le añaden nutrientes a su comida. ¡Pueden venir de cualquier fuente natural, incluso las extrañas como la corteza del árbol o insectos! Si usted es vegetariano/a o tiene una alergia de comida severa, es mejor evitar los sabores naturales, ya que no hay forma de saber de qué están hechos.

1

SPICY HOT CHIPS

2

4

Candy

3

- ❑ El **ácido cítrico** viene de las frutas cítricas. Se usa para darle un sabor agrio a las comidas o como preservativo natural.
- ❑ niacina o niacinamida
- ❑ tiamina
- ❑ mononitrato de tiamina
- ❑ clorhidrato de tiamina
- ❑ riboflavina
- ❑ palmitato de vitamina A
- ❑ óxido de cinc
- ❑ piridoxina
- ❑ ácido folico
- ❑ sal yodada (sal de mesa con yodo añadido)
- ❑ carbonato de calcio

Estas vitaminas y minerales son añadidas a las comidas procesadas para hacerlas más nutritivas.

Su mejor apuesta cuando vaya de compras: ¡Escoja comidas con una lista corta de ingredientes que reconozca!

¡INTÉNTELO! **Junte las etiquetas de los ingredientes de abajo con los productos mostrados en la página 58 escribiendo el número correspondiente en cada circulo.**

(4)

INGREDIENTES:
Whole Grain Oats, Sugar, Oat Bran, Corn Starch, Honey, Brown Sugar Syrup, Salt, Tripotassium Phosphate, Canola Oil, Natural Almond Flavor. Vitamin E (mixed tocopherols) added to preserve freshness.

Respuesta: Cereal de avena con miel (número 4)

(2)

INGREDIENTES:
Carbonated Water, Sugar, Orange Juice from Concentrate (3.7%), Citrus Fruit from Concentrate (1.3%), Citric Acid, Vegetable Extracts (Carrot, Pumpkin), Sweeteners (Acesulfame K, Sucralose), Preservative (Potassium Sorbate), Malic Acid, Acidity Regulator (Sodium Citrate), Stabilizer (Guar Gum), Natural Orange Flavorings with Other Natural Flavorings, Antioxidant (Ascorbic Acid).

Respuesta: Refresco de naranja (número 2)

(1)

INGREDIENTES:
Enriched Corn Meal (Corn Meal, Ferrous Sulfate, Niacin, Thiamin Mononitrate, Riboflavin, and Folic Acid), Vegetable Oil (Corn, Canola, and/or Sunflower Oil), Flamin' Hot Seasoning (Maltodextrin [Made From Corn], Salt, Sugar, Monosodium Glutamate, Yeast Extract, Citric Acid, Artificial Color [Red 40 Lake, Yellow 6 Lake, Yellow 6, Yellow 5], Sunflower Oil, Cheddar Cheese [Milk, Cheese Cultures, Salt, Enzymes], Onion Powder, Whey, Whey Protein Concentrate, Garlic Powder, Natural Flavor, Buttermilk, Sodium Diacetate, Disodium Inosinate, and Disodium Guanylate), and Salt.

Respuesta: Totopos de maíz picantes (número 1)

(3)

INGREDIENTES:
Corn Syrup, Sugar, Palm Oil, and Less Than 2% of Mono- and Diglycerides, Hydrogenated Cottonseed Oil, Malic Acid, Salt, Soy Lecithin, Artificial Flavors, Blue 1, Red 40, Yellow 5.

Respuesta: Dulce de caramelo masticable (número 3)

Búsqueda de Etiquetas de Comida

¿Qué es lo que busca en una etiqueta de nutrición de una comida?

Mire dos etiquetas para productos similares.

- **Meta:** Aprender cómo leer las etiquetas de los alimentos y elegir el producto que sea mejor para su cuerpo.
- **Instrucciones:** El facilitador pasará dos etiquetas nutricionales. Complete las siguientes preguntas comparando ambas etiquetas, después circule Etiqueta A o B.

¿Cuál etiqueta tiene...

1. más **calorías** por porción?	Etiqueta A	Etiqueta B
2. más **azúcar** por porción?	Etiqueta A	Etiqueta B
3. menos **sodio** por porción?	Etiqueta A	Etiqueta B
4. más **grasa saturada** por porción?	Etiqueta A	Etiqueta B
5. más **fibra** por porción?	Etiqueta A	Etiqueta B
6. más **calorías** de la grasa?	Etiqueta A	Etiqueta B
7. más **proteína** por porción?	Etiqueta A	Etiqueta B
8. más **grasa total** por porción?	Etiqueta A	Etiqueta B
9. más **calcio** por porción?	Etiqueta A	Etiqueta B
10. ¿Cuál cree que sea **más saludable**? ¿Por qué?	Etiqueta A	Etiqueta B

Anuncios en las Revistas

¿En dónde ve los anuncios de la comida?
¿Cómo influyen estos en las decisiones que toma la gente?

Piense en las diferentes formas que los anuncios tratan de alcanzar a la gente. Considere el anuncio de abajo.

- » ¿Quién es el patrocinador de este anuncio?
- » ¿Qué técnicas se utilizan para venderle este producto?
- » ¿A cuál público está dirigido?
- » ¿Cuál es el mensaje de este anuncio?
- » ¿Cuál es la información útil que le da este anuncio? ¿Le da alguna información engañosa?

Creación de un Anuncio de Comida

- » Trabajen en grupos de tres para desarrollar un anuncio convincente de comida. Pueden usar una receta de la clase o cualquier otra comida que les guste.
- » Dibujen el anuncio en el papel (delineen en papel de reúso primero). Utilicen palabras e imágenes. Utilicen las seis preguntas pasadas para planificar su anuncio.
- » ¡Presenten su anuncio a la clase!

¿Puede adivinar de cuál tipo de producto vienen estas etiquetas?

Elija dos de estas etiquetas para usarlas con la actividad de la búsqueda de etiquetas de alimentos

Nutrition Facts

Serving Size 1 bar
Servings per Container 8

Amount Per Serving	
Calories 90	Calories from Fat 23
	% Daily Value*
Total Fat 2.5g	**4%**
Saturated Fat 0.5g	**3%**
Trans Fat 0g	
Cholesterol 0mg	**0%**
Sodium 50mg	**2%**
Total Carbohydrate 15g	**5%**
Dietary Fiber 1g	**4%**
Sugars 6g	
Protein 2g	
Vitamin A	1%
Vitamin C	0%
Calcium	0%
Iron	2%

* Percent Daily Values are based on a 2,000 calorie diet. Your daily values may be higher or lower depending on your calorie needs.

	Calories:	2,000	2,500
Total Fat	Less than	65g	80g
Sat Fat	Less than	20g	25g
Cholesterol	Less than	300mg	300mg
Sodium	Less than	2400mg	2400mg
Total Carbohydrate		300g	375g
Dietary Fiber		25g	30g

Ingredients: granola (rolled oats, tapioca syrup, sugar, sunflower oil, sea salt, vanilla extract, baking soda), Tapioca Syrup, Crisp Rice (rice flour, sugar, raisin juice concentrate, sea salt, annatto color), Semisweet Chocolate Chips (sugar, chocolate liquor, cocoa butter, dextrose, soy lecithin, vanilla), Dry Roasted Peanuts, Peanut Butter Chips (sugar, cocoa butter, partially defatted peanut flour, sea salt, cocoa, soy lecithin), Rice Flour, Glycerin, Whole Oat Flour, Sunflower Oil, Peanut Butter (peanuts, salt), Molasses

Nutrition Facts

Serving Size 1 bar
Servings per Container 6

Amount Per Serving	
Calories 100	Calories from Fat 23
	% Daily Value*
Total Fat 2.5g	**4%**
Saturated Fat 1.5g	**3%**
Trans Fat 0g	
Cholesterol 0mg	**0%**
Sodium 60mg	**2%**
Total Carbohydrate 18g	**6%**
Dietary Fiber 1g	**4%**
Sugars 7g	
Protein 1g	
Vitamin A	0%
Vitamin C	0%
Calcium	2%
Iron	5%

* Percent Daily Values are based on a 2,000 calorie diet. Your daily values may be higher or lower depending on your calorie needs.

	Calories:	2,000	2,500
Total Fat	Less than	65g	80g
Sat Fat	Less than	20g	25g
Cholesterol	Less than	300mg	300mg
Sodium	Less than	2400mg	2400mg
Total Carbohydrate		300g	375g
Dietary Fiber		25g	30g

Ingredients: rolled oats, rice flour, corn syrup, sugar, fructose, coconut, palm oil, contains 2% or less of dextrose, molasses, glycerin, salt, sorbitol, natural flavor, malt extract, butter, soy lecithin, nonfat milk, mixed tocopherols, rosemary extract (for freshness), wheat starch

Etiquetas de Nutrición, Estilo Original (Directrices Dietéticas Pre-2015)

A

Nutrition Facts

8 Servings per Container

Serving Size 1 bar

Amount Per Serving	
Calories	**120**
	% Daily Value*
Total Fat 3g	5%
Saturated Fat 1g	3%
Trans Fat 0g	
Cholesterol 0mg	0%
Sodium 110mg	5%
Total Carbohydrate 24g	8%
Dietary Fiber 3g	10%
Total Sugars 11g	
Includes 9g Added Sugars	
Protein 2g	
Vitamin D 0mcg	0%
Calcium 48mcg	4%
Iron 3mg	11%
Potassium 329mg	7%

* The % Daily Value (DV) tells you how much a nutrient in a serving of food contributes to a daily diet. 2,000 calories a day is used for general nutrition advice.

Ingredients: whole grain oats, enriched flour (wheat flour, niacin, reduced iron, thiamin mononitrate, riboflavin, folic acid), whole wheat flour, vegetable oil (high oleic soybean and/or canola oil), soluble corn fiber, sugar, dextrose, fructose, calcium carbonate, whey, wheat bran, cellulose, potassium bicarbonate, natural and artificial flavor, mono- and diglycerides, soy lecithin, wheat gluten, niacinimide, vitamin A palmitate, carrageenan, zinc oxide, guar gum, pyridoxine hydrochloride, thiamin hydrochloride; filling: invert sugar, corn syrup, glycerin, apple puree concentrate, sugar, blueberry puree concentrate, natural and artificial flavors, raspberry puree concentrate, modified cornstarch, sodium alginate, citric acid, malic acid, methylcellulose, dicalcium phosphate, red 40, blue 1

B

Nutrition Facts

12 Servings per Container

Serving Size 1 bar

Amount Per Serving	
Calories	**144**
	% Daily Value*
Total Fat 5g	6%
Saturated Fat 0g	2%
Trans Fat 0g	
Cholesterol 0mg	0%
Sodium 83mg	3%
Total Carbohydrate 23g	7%
Dietary Fiber 2g	8%
Total Sugars 8g	
Includes 6g Added Sugars	
Protein 3g	
Vitamin D 0mcg	0%
Calcium 18mcg	1%
Iron 1mg	5%
Potassium 97mg	2%

* The % Daily Value (DV) tells you how much a nutrient in a serving of food contributes to a daily diet. 2,000 calories a day is used for general nutrition advice.

Ingredients: whole grain oats, almonds, raisins, honey, canola oil, cinnamon, salt

Etiquetas de Nutrición, Nuevo Estilo (Directrices Dietéticas del 2015)

¿Sabe usted?

- ¿Dónde se encuentran los alimentos más saludables?
- ¿Los productos que se encuentran al final de los pasillos siempre están en oferta?
- ¿Hay generalmente una diferencia de precio entre los productos de marca y los genéricos? ¿Qué pasa con la calidad?
- ¿Por qué los dulces y las revistas siempre están junto en las cajas?
- ¿Dónde están los productos más caros en los estantes? ¿Qué pasa con los cereales comercializados como infantiles?
- ¿Cuándo debe poner los alimentos refrigerados y los congelados en su carrito? ¿Por qué?

Unos cuantos consejos

- Los precios por unidad le permiten comparar el precio de dos paquetes que puedan tener una cantidad diferente de comida.

- Los paquetes más grandes a menudo tienen precios por unidad más bajos; sin embargo, asegúrese de considerar si usted podrá consumir toda la cantidad antes de que se eche a perder. Encuentre tiendas que vendan alimentos al mayoreo.
- Los productos genéricos son a menudo idénticos a los productos de marca en todo, menos en el precio.

La Anatomía de la Tienda de Abarrotes

¿Cómo es que el diseño de una tienda de abarrotes le da forma a las decisiones que hace?

Dibuje un diagrama que enseñe lo que usted encontraría en cada parte de la tienda.

Creando un Plan y una Lista de Comidas

¿Qué le gustaría cocinar esta semana?

El planear sus comidas por adelantado le ahorra tiempo, dinero, le anima a comer más saludablemente. ¡También es una buena forma de enseñarle a sus niños sobre el "mundo real" para poder involucrarlos en el proceso!

¿Cómo lo hago?

- Decida qué recetas le gustaría cocinar para varias comidas.
- Con las recetas, haga una lista de compras que incluya todos los ingredientes para cada receta. Asegúrese de revisar su cocina para ver si tiene productos básicos como aceite de oliva, sal y pimienta. Probablemente no necesite comprar todo.
- Clasifique su lista de comestibles según el tipo de alimento: frutas y verduras, carne, productos lácteos y productos secos.
- ¡A comprar comida! Guarde el recibo para ayudar a crear un presupuesto para el futuro.
- Revise su recibo después de sus compras. ¿Ve algo que le sorprenda? Guarde el recibo para que le ayude a crear un presupuesto para el futuro.

Su Plan de Comidas y Lista de Compras (Muestra)

Las Comidas	La Lista de Compras	
E.g. Burritos de huevo (eatfresh.org/es/recetas/main-dish/burritos-de-huevo)	**Frutas y verduras**	*1 cabeza de ajo 1 manojo de cebolletas verdes 1 pimentón verde o rojo*
	Carne	
	Productos lácteos	*huevos queso cheddar bajo en grasa*
	Productos secos/ enlatados/en caja	*1 paquete de tortillas integrales aceite de canola 1 lata de frijoles negros*

[el contenido continúa en la página siguiente...]

Creando un Plan y una Lista de Comidas (CONTINUADO)

¡Inténtelo! **Ahora intente hacer su propio plan y su lista.**

Las Comidas de Esta Semana	Lista de Compras
	Frutas y verduras
	Carne
	Productos lácteos
	Productos secos/enlatados/en caja
	Otros

Seguimiento al Plan y a la Lista de Comidas

Ahora discuta la actividad de planeamineto.

¿Qué comida(s) le gustaría preparar esta semana?

¿Siguió su plan de comidas?

¿Se enfrentó a algún desafío en el seguimiento de su plan? De ser así, ¿cuáles fueron?

¿Qué comida(s) le gustaría preparar para esta semana?

Pescados y Mariscos y el Mercurio

¿Qué puede hacer que los pescados y mariscos puedan ser dañinos al consumirse?

Casi todos los pescados tienen rastros de mercurio, el mismo metal pesado que se encuentra en los termómetros antiguos.

El mercurio se produce naturalmente en el ambiente y también se puede encontrar en el aire liberado de la contaminación industrial. Cuando el mercurio cae del aire, se acumula en arroyos y océanos y se convierte en metilmercurio en el agua. Los pescados y mariscos que viven en este ambiente absorben el metilmercurio y lo retienen. Algunos tipos de pescados y mariscos tienen mercurio más alto que otros, dependiendo de lo que comen los peces, las especies de peces, la edad y el tamaño y el tipo de agua en que se encuentran.

En general, los peces que comen peces tienen niveles más altos que los herbívoros o los más pequeños. Dentro de la misma especie, los peces mayores y más grandes tienen niveles más altos de metilmercurio que los más pequeños.

Para la mayoría de las personas, no existe riesgo para la salud del mercurio en los pescados y mariscos. El riesgo para la salud del mercurio depende de la cantidad que se consuma y los niveles de mercurio en el interior de los pescados y los mariscos. Por lo tanto, la Administración de Drogas y Alimentos (FDA, por sus siglas en inglés) aconseja a las mujeres que pueden quedar embarazadas, mujeres embarazadas, madres lactantes y niños pequeños que eviten ciertos tipos de pescados y mariscos, y que coman los que tienen niveles más bajos de mercurio.

¡Inténtelo! **Para aprender sobre cuales pescados y mariscos son los más seguros en su área, visite seafoodwatch.org.**

Los Mercados de los Agricultores

¿Ha visitado a un mercado de los agricultores?

Estos pueden ser una buena forma de surtirse de frutas y verduras frescas, locales, y a buen precio cada semana. Si su vecindario tiene un mercado de los agricultores, considere hacerle una visita como parte de su rutina semanal.

Obtenga el máximo rendimiento de su presupuesto al...

- Comprar frutas y verduras que estén en temporada y abundantes. Buscar qué verduras y frutas están bien surtidas. (Vea la pga. 59 para más información).
- Comprar cerca de la hora final del mercado. Los agricultores no quieren irse con los productos y con frecuencia están dispuestos a ofrecer ofertas en lugar de llevarse la comida con ellos.
- Decidir cómo usará el producto antes de comprarlo para evitar el desperdicio.
  - ¿Estas verduras o frutas se comen bien crudas?
  - ¿Sé cómo prepararlo?
  - ¿Tengo recursos/recetas para cocinar si los ingredientes no me parecen conocidos?

Buenas preguntas para hacerles a los agricultores (o pedirle a sus hijos que les hagan):

- "Noté que su producto no está certificado como orgánico. ¿Cuáles son sus prácticas de siembra? ¿Rocía o utiliza fertilizantes químicos, pesticidas o fertilizantes?"
- "Noto que su producto está certificado como orgánico. ¿Cómo controla las plagas y las malas hierbas? ¿Cuáles son los elementos más difíciles para sembrar orgánicos?"
- "¿Cómo sugiere que prepare este alimento? Estoy buscando nuevas ideas."
- "¿Hay artículos nuevos que podamos esperar en las próximas semanas?"
- ¿Cultiva sus propias frutas y verduras o las obtiene de otros agricultores? (Tome nota de que por lo general los precios están mejores cuando le compra directamente al agricultor)

¡Inténtelo! **Vaya a EatFresh.org para encontrar mercados de los agricultores.**

¿Califica para un Programa de Asistencia Nutricional?

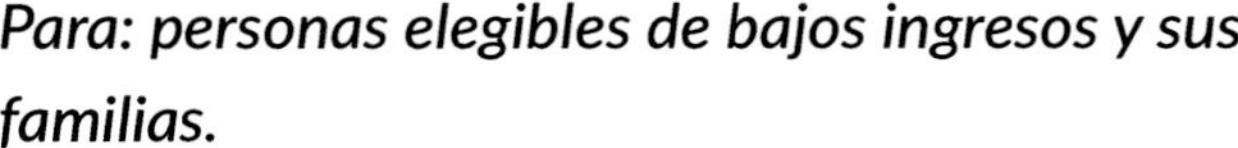

Para: personas elegibles de bajos ingresos y sus familias.

- Usted no es elegible si recibe SSI, pero los beneficios de jubilación de la Seguridad Social están bien.
- Incluso si recibe SSI, otros miembros de su hogar pueden ser elegibles.
- Todos los residentes legales son elegibles
- Llame al 1-877-847-3663 o visite calfresh.gov
- Use CalFresh para comprar frutas y verduras frescas, granos integrales, proteínas magras y más.
- Cada mes, los beneficios de CalFresh se emiten en una tarjeta de transferencia electrónica de beneficios (TBE), como una tarjeta de cajero automático
- La TBE puede usarse en la mayoría de las tiendas de abarrotes, mercados de los agricultores, mercadillos y tiendas de barrio
- Comidas de restaurante: si tiene 60 años o más, está discapacitado o no tiene hogar, puede ser elegible para comprar comidas preparadas en restaurantes certificados

Nutrition for Women, Infants and Children

- Nutrición para mujeres, bebés y niños
- Para las mujeres embarazadas o lactantes elegibles de bajos ingresos, nuevas mamás y niños menores de 5 años
- 1-888-942-9675 o wicworks.ca.gov

Otros programas

- Programas de nutrición en la escuela
  - Para: Niños en edad escolar elegibles de bajos ingresos
  - Comuníquese con su escuela local
- TEFAP—El programa de asistencia alimentaria de emergencia
  - Para: Personas elegibles de bajos recurso
  - fns.usda.gov/tefap/eligibility-and-how-apply

¡Inténtelo! **Visite mybenefitscalwin.org para las solicitudes y más información.**

Extensiones de la Fecha del Código

¿Cuándo resulta seguro consumir los alimentos después de las fechas impresas?

Si el almacenamiento y uso de un producto generalmente se considera seguro más allá de la fecha que se indica con el sello MEJOR ANTES DEL (de acuerdo con el conocimiento general y las prácticas de la industria), esa duración se enumera en la tabla a continuación. Recuerde, no debe consumir alimentos que tengan mal olor, moho, objetos extraños o un cambio de color.

Producto		Vida útil de almacenamiento posterior a la fecha de vencimiento que figura en el paquete		
		Estante	Refrigerador	Congelador
Comida para bebés	Mezclas de cereales secos	*fecha impresa*		
	Alimentos en frascos o latas	*fecha impresa*		
	Fórmula	*fecha impresa*		
	Jugo	1 año		
Bebidas	Agua embotellada (todas las variedades): *almacenar en un lugar fresco y oscuro, lejos de los productos químicos*	Más de 12 meses		
	Cacao, mezclas de cacao	36 meses		
	Café (molido)	2 años		
	Café (instantáneo)	1-2 años		
	Botellas de jugo (estables)	9 meses		
	Cajas de jugo	4-6 meses		
	Leche (evaporada o seca descremada)	12 meses		
	Leche (estable en estanterías)	6 meses		
	Leche no láctea (arroz o soja, estable en estanterías)	6 meses		
Frutas enlatadas	Frijoles	3 años		
	Pescado: salmón, atún, sardinas, caballa	3 años		
	Alimentos con alto contenido de ácido: fruta (incluido el puré de manzana y los jugos), conservas, chucrut, frijoles horneados con mostaza/vinagre, tomates y sopas/salsas a base de tomate	1-2 años		
	Alimentos con bajo contenido de ácido: sopas/compotas/ salsas que no sean a base de tomate, pastas, guisos, salsas con crema, verduras (no tomates)	2-3 años		
	Carne: de res, pollo, cerdo, pavo	2-3 años		
Condimentos, salsas, jarabes	Salsa barbacoa, mermelada/jalea, ketchup, mostaza, salsa, aderezo para ensaladas, jarabe, aceite de oliva/vegetal	12 meses		
	Mayonesa (frasco, botella o paquete)	3-6 meses		
	Salsa para espaguetis (enlatada o en frasco)	18 meses		
	Vinagre	2 años		

Producto		Vida útil de almacenamiento posterior a la fecha de vencimiento que figura en el paquete		
		Estante	Refrigerador	Congelador
Productos lácteos y más frescos	Mantequilla		2-3 meses	12 meses
	Queso: requesón		10-15 días	
	Queso: duro		6 meses	6-8 meses
	Queso: blando		1-2 semanas	6 meses
	Masa: pastel o pizza, lista para hornear		*fecha impresa*	2 meses
	Masa: bizcocho, pan, pizza, galleta		*fecha impresa*	2-3 meses
	Huevos: en cáscara		4-5 semanas	
	Huevos: sustituto de huevo en caja pasteurizada, sin abrir		10 días	12 meses
	Margarina		6 meses	12 meses
	Leche (no estable en estanterías)		1 semana	1-3 meses
	Crema agria		2-3 semanas	
	Yogurt		10-14 días	1-2 meses
Productos secos (recién horneados)	Pan: en rodajas	4 días	14 días	3 meses
	Pan: francés, pan de molde, etc.	1 días	14 días	2 meses
	Pastel: comida de ángel, chiffon, esponja	2 días	7 días	2 meses
	Pastel: chocolate (sin congelar)	2 días	7 días	4 meses
	Pastel: por libra	4 días	7 días	6 meses
	Medialunas	1 día	7 días	2 meses
	Danés, magdalenas	2 días	7 días	2 meses
Productos secos (envasados, sin abrir)	Rosquillas	1 día	7 días	2 meses
	Mezclas para hornear (brownie, pastel, magdalena, etc.)	12-18 meses		
	Frijoles (secos)	12 meses		
	Pan y panecillos (preparados comercialmente)	3-5 días	2-3 semanas	3 meses
	Cereales (fríos o calientes)	12 meses		
	Galletas dulces	4 meses	2 meses	10 meses
	Galletas saladas	8 meses		
	Harina (blanca, multipropósito o pastel)	12 meses		
	Harina (trigo integral)	6 meses	Más de 6 meses	
	Galletas Graham crackers	2 meses		
	Mezcla para preparar macarrones con queso	9-12 meses		
	Avena	12 meses		
	Pastas (secas)	2-3 años		
	Mantequilla de maní	18 meses		
	Granos de palomitas de maíz	2 años		
	Palomitas de maíz (paquetes para microondas)	12 meses		
	Arroz (integral)	12 meses		
	Arroz (blanco)	2 años		
	Especias: *pierden sabor con el transcurso del tiempo, pero su uso sigue siendo seguro de manera indefinida*	entero: 4 años molido: 2 años		
	Azúcar (morena)	18 meses		
	Azúcar (rubia)	Más de 2 años		

Producto		Vida útil de almacenamiento posterior a la fecha de vencimiento que figura en el paquete		
		Estante	Refrigerador	Congelador
Pescado	Pescado graso: cocido (salmón, caballa, perca, pescado azul)		5-7 días	3-6 meses
	Pescado graso: sin cocer (salmón, caballa, perca, pescado azul)		2 días	3-6 meses
	Pescado magro: cocido (bacalao, rodaballo, lenguado, merluza)		5-7 días	3-6 meses
	Pescado magro: sin cocer (bacalao, rodaballo, lenguado, merluza)		2 días	12 meses
Carnes (crudas)	Asados de ternera, filetes de ternera, asados de cerdo, chuletas de cerdo		3-5 días	12 meses
	Aves de corral (pollo o pavo)		2 días	12 meses
	Carnes molidas (carne de res, cerdo, cordero o aves de corral)		2 días	9-12 meses
Carnes (procesadas)	Tocino (sin abrir)		2 semanas	6 meses
	Tocino (abierto)		1 semana	2 meses
	Pollo (frito)		4 días	4 meses
	Pollo (croquetas, empanadas)		2 días	3 meses
	Jamón (sin abrir)		2 días	12 meses
	Jamón (abierto)		1 semana	1-2 meses
	Perros calientes (sin abrir)		2 semanas	9 meses
	Fiambres (charcutería en rodajas o abierta)		3-5 días	
	Fiambres (paquetes comerciales sin abrir)		2 semanas	1-2 meses
	Pepperoni, salame		1 mes	6 meses
	Salchicha (eslabones ahumados o empanadas)		1 semana	9 meses
Productos preparados, alimentos de charcutería	Pollo (asado o frito)		3-4 días	4-6 meses
	Frutas (cortadas)		*fecha impresa*	
	Guacamole		5-7 días	6 meses
	Hummus (con conservantes)		2 meses	
	Platos principales y comidas		3-4 días	2-3 meses
	Carnes en salsa o caldo (incluidos los pasteles de carne)		1-2 días	6 meses
	Pastas (frescas)		1 semana	1 mes
	Ensaladas (preparadas: macarrones, huevos, patatas, pollo, atún, etc.)		3-5 días	
	Salsas (a base de huevo, como la holandesa)		10 días	
	Guarniciones, verduras cocidas (incluidas las patatas y el arroz)		3-4 días	1-2 meses
	Sopas, guisos		2-3 días	4-6 meses
	Espinaca, hojas verdes para ensalada (en bolsa)		*fecha impresa*	

AHORRAR DINERO: CONSEJOS PARA GUARDAR SUS VERDURAS PARA HACERLAS DURAR MÁS

1.CONSERVE SUS VERDURAS ENTERAS

Ni siquiera rasgue el tallo de una manzana hasta que se la coma. Tan pronto como empieza a abrir frutas y vegetales, rompe células y les da una superficie a los microorganismos para que crezcan. El moho prolifera rápidamente y contamina todo alrededor, así que tire cualquier fruto echado a perder inmediatamente.

2. CONSERVE SEPARADAS LAS FRUTAS Y VEGETALES INCOMPATIBLES

Habrá escuchado que para que un durazno madure pronto, lo pongo en una bolsa de papel cerrada con un plátano maduro. Algunas frutas (como el plátano) liberan altos niveles de etileno (un gas sin olor ni color) que acelera la maduración de los frutos sensibles al etileno. Los "Liberadores de etileno" son una de las principales causas de descomposición prematura. Una manzana mala puede echar a perder todo el montón. Use nuestra guía rápida de referencia de la derecha y mantenga a todos los "liberadores de gases" (los primeros dos grupos) separados de los frutos sensibles al etileno (el tercer grupo).

3. SEPA QUÉ REFRIGERAR Y QUÉ DEJAR AFUERA

La manera principal para extender la vida de anaquel de los frutos es mediante el uso de temperaturas frías para alentar la respiración de los alimentos, o proceso de "respiración", de manera que se emite menos gas de etileno y se desacelera el proceso de maduración. Entre más cálida sea la temperatura, más rápida es la velocidad de respiración, y es por eso que la refrigeración es crítica para la mayoría de los frutos. Pero mientras quiere desacelerarla, no quiere parar la respiración del todo. Lo peor que puede hacer es sellar las frutas y los vegetales en una bolsa hermética, porque los sofocará y acelerará su descomposición.

Una gran parte del almacenamiento correcto es saber qué refrigerar. Las frutas y vegetales sensibles al frío pierden saber y humedad a bajas temperaturas. Guárdelos en el mostrador, no en el refrigerador. Una vez que estén completamente maduros, puede refrigerarlos para ayudarlos a durar, pero para disfrutar del mejor sabor, regréselos a la temperatura ambiente. Nunca refrigere papas, cebollas, calabacines ni ajos. Consérvelos en un lugar fresco, seco y oscuro y pueden durar hasta más de un mes. La luz y el calor ocasionarán que echen brotes. Pero sepárelos, de manera que sus sabores y olores no migren.

Innovaciones: algunos productos que puede comprar absorben etileno y pueden caerse en un cajón con vegetales. Una cantidad de bolsas para frutas y vegetales absorben etileno y crean una atmósfera que inhibe la respiración.

CONSEJOS RÁPIDOS PARA EL ALMACENAMIENTO:

REFRIGERE ESTOS "LIBERADORES DE GAS":

- Manzanas
- Albaricoques
- Melón
- Higos
- Melaza

NO REFRIGERE ESTOS "LIBERADORES DE GAS":

- Aguacates
- Plátanos, no maduros
- Mandarinas
- Duraznos
- Peras
- Ciruelas
- Tomates

GUARDE ESTOS LEJOS DE TODOS LOS "LIBERADORES DE GAS":

- Plátanos, maduros
- Brócoli
- Col de Bruselas
- Repollo
- Zanahorias
- Coliflor
- Pepinos
- Berenjena
- Lechuga y otras verduras verdes con hojas
- Perejil
- Chícharos
- Pimiento
- Calabaza
- Camote
- Sandía

[el contenido continúa en la página siguiente...]

4. SEPA QUÉ COMER PRIMERO

Coma más artículos perecederos y guarde las frutas y verduras que duran más para comer después en la semana. Use esta guía rápida para ayudarse a decidir qué comer primero. Las sugerencias de tiempo son para los frutos listos para comer, así que permita unos días extras para que maduren si compra frutas o verduras no completamente maduras.

5. EL ALMACENAMIENTO EMPIEZA CON LA BOLSA DE LAS COMPRAS

Muchas personas no se dan cuenta que el almacenamiento inicia incluso en la bolsa de las compras en que se llevan a casa. Compre artículos menos perecederos como papas, cebollas y sandías primero y conserve los artículos más pesados en la parte de debajo de la bolsa. Compre los artículos más perecederos como moras y brócoli al final, de manera que no se calienten mientras compra (y emitan más gas etileno, el cual los madurará más pronto). Lleve los frutos rápido a casa y guárdelos en un lugar fresco y oscuro o en su refrigerador si tiene uno. Entre más temprano compre en el mercado de productores más frescos serán sus frutas y verduras, entre menos tiempo pasen fuera en temperaturas calientes, más durarán en casa.

6. TENGA UN PLAN DE RESPALDO

Si tiene más productos maduros de los que puede consumir, cuente con una estrategia para usarlos rápidamente. Nuestra estrategia favorita para la temperatura fresca de San Francisco es usar una olla de cocción lenta para hacer una olla de sopa con los vegetales restantes. Sea creativo e intente nuevas recetas, como un pay grande para su vecino o una olla de salsa de tomata para congelar en empaques individuales.

Se pueden almacenar algunas frutas y vegetales en el congelador para usarlas después. Las frutas como las moras se pueden congelar. Las frutas que tienden a ponerse marrón con facilidad, como las manzanas o los duraznos, deben empaparse en jugo ácido antes de congelarlos para ayudarles a conserva su color.

La mayoría de los vegetales necesitan escaldarse antes de congelar, lo que implica sumergirlos brevemente en agua hirviendo o con vapor para destruir las enzimas que causan ladescomposición. Las cebollas, los pimientos y las hierbas no necesitan escaldarse. Las calabazas, el camote y las calabazas deben cocinarse completamente antes de congelarse. El resto de los vegetales deben escaldarse.

Para escaldar por ebullición, use por lo menos un galón de agua por cada libra de vegetales. Ponga los vegetales en una canasta de alambre, sumérjalos completamente en el agua hirviendo, cubra con una tapa y empiece a tomar el tiempo. Para escaldar con vapor, ponga los vegetales en la canasta del vaporizador y suspéndala una pulgada o dos del agua hirviendo. Cubra la olla y empiece a tomar el tiempo tan pronto como el vapor empiece a escapar debajo de la tapa. Con cualquiera de los métodos, sacuda la canasta un par de veces para asegurar que toda la superficie de los vegetales quedeexpuesta al calor. Después del tiempo asignado, quite la canasta y hunda los vegetales en un recipiente con agua helada para parar la cocción. Una vez fríos, quítelos, drene completamente y empaque para congelar. Empaque todas las frutas y verduras herméticamente para evitar las quemaduras por el congelador.

El tiempo que debe dejar cada variedad de vegetal sumergido en agua hirviendo varía. Use internet o un libro de la biblioteca para buscar las instrucciones específicas.

TIEMPO CORRECTO:

COMA PRIMERO (EN 1-3 DÍAS):

- Alcachofas
- Espárragos
- Aguacates
- Plátanos
- Albahaca
- Brócoli
- Moras
- Maíz
- Eneldo
- Frijoles verdes
- Hongos
- Mostazas verdes
- Fresas
- Berros

COMA SEGUNDO (EN 4-6 DÍAS)

- Rúcula
- Pepinos
- Berenjena
- Uvas
- Lechuga
- Lima
- Calabacín

COMA TERCERO (EN 6-8 DÍAS)

- Albaricoques
- Pimiento dulce
- Moras azules
- Col de brucelas
- Coliflor
- Uvas
- Puerros
- Limones
- Menta
- Naranja
- Orégano
- Perejil
- Durazno
- Peras
- Ciruelas
- Espinacas
- Tomates
- Sandía

Coma al final (duran más):

- Manzanas
- Acelgas
- Col
- Zanahorias
- Apio
- Ajo
- Cebolla
- Papa
- Calabaza

Un gran agradecimiento a *Vegetarian times* por la valiosa información.

MANTENERSE SALUDABLE

¿Cómo le puede ayudar a su cerebro comiendo comidas enteras?

Desayuno

Mantener la energía y la concentración es una parte esencial de un estilo de vida saludable.

El desayuno es el primer lugar para comenzar. Un buen desayuno le puede ayudar a mantener energía y estado de ánimo constante más tarde en el día.

ELIJA comer un desayuno saludable y equilibrado, ELIJA granos enteros, frutas y proteínas saludables sobre el azúcar y la cafeína.

En lugar de...	Pruebe...
cereales azucarados	la avena o trigo molido
café	el té verde
jugo	fruta entera o jugo diluido
pan dulce, pan danés o donas	pan tostado de trigo integral con queso crema o crema de cacahuate
saltarse el desayuno	¡comer el desayuno!

Almuerzo

¿Qué come de almuerzo? ¿Lo lleva de la casa o lo compra en la escuela? ¿Cómo se siente antes del almuerzo, enojado/a o hambriento/a? ¿Cómo se siente después del almuerzo, con energía o con sueño?

ELIJA comer un almuerzo saludable y balanceado (y una botana a media mañana).

En lugar de...	Pruebe...
papitas fritas	almendras o semillas de girasol
refresco	el agua o leche
dulce	fruta
pizza o comida rápida	un burrito de verduras o sándwich de pavo

¡Haga que el Moverse sea Divertido!

¿Cuáles son sus formas preferidas para moverse?

Los niños necesitan 60 minutos de ejercicio diario. Los adultos necesitan 150 minutos de actividad moderada por semana o 75 minutos de actividad vigorosa por semana.

- Limite el tiempo de "pantalla" (TV, Video Juegos, Aparatos Móviles, y computadora); el número de horas que los niños ven por semana está relacionado directamente con la obesidad. Los niños que ven más de tres horas de televisión al día son 50% más propensos a ser obesos que los niños que ven menos de dos horas.
- La actividad física afecta más que solo el peso. ¡También puede ayudar a mejorar el estado de ánimo, el sueño, y la concentración!
- Si se le dificulta tener motivación, busque formas de estar activo/a con otros— encuentre una clase, vaya a caminatas, o a bailar con un/a amigo/a, añada juegos físicos a una fiesta familiar.

"La manera más fácil de disminuir la inactividad es apagar la TV. Casi cualquier otra cosa usa más energía que ver la TV."
- Dra. William H. Deitz

- **¿Hace suficiente ejercicio a la semana? ¿Su familia?**
- **¿Cuáles serían algunas maneras de incluir el ejercicio en su rutina?**

Hacer ejercicio en espacios pequeños

- Saltar a la cuerda
- Saltos de tijeras
- Fiestas para bailar
- Lucha
- Trabajo de la casa
- Usar las escaleras en lugar del elevador
- Hacer yoga o estirarse
- Hula-Hula

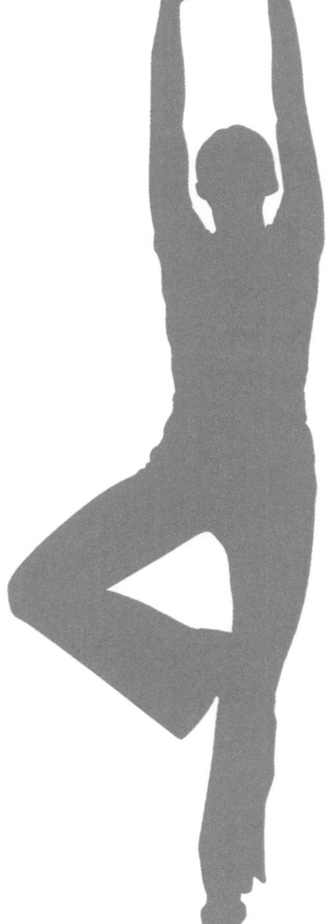

¿Cómo puede crear una Meta SMART para lograr los cambios que aquí se sugieren?

Cambios Saludables

1 Carla, una mujer de 65 años, a menudo se queja de estar cansada y sentir flojera. A su médico también le preocupa que corra riesgo de diabetes debido a su peso, antecedentes familiares, origen étnico y presión arterial moderadamente alta. Cuando Carla se despierta por la mañana, siempre se toma café, pero a veces no come más que una rebanada de pan blanco con mantequilla. Para el almuerzo, come de la cafetería en el trabajo y come botanas durante el día con fruta, papas fritas, dulces, y refrescos de dieta. Si come comida en la casa, come una cena de tamaño razonable que incluye una ensalada simple, pasta, pollo y arroz, o hamburguesas. De lo contrario, a menudo está demasiado cansada para ir al supermercado después del trabajo y come pizzas congeladas, cereales o cualquier cosa que pueda encontrar. Nunca ha hecho ejercicio regularmente y no está segura de qué debe hacer para comenzar.

2 Laura es madre soltera de 3 hijos que trabaja a tiempo completo. Por la mañana, se apresura a alistar a los niños para la escuela y la guardería. Rara vez tiene tiempo para comer antes de irse a trabajar, y nunca tiene tiempo para preparar un almuerzo. No siente hambre hasta la tarde, pero bebe mucho café y refrescos de dieta en el trabajo. Por la noche, apenas tiene energía para preparar la cena y ayudar a los niños con la tarea. Comen una gran cantidad de palitos de pescado congelados y comida chatarra. Para ocupar a los niños mientras hace la cena, miran la televisión. A pesar de que apenas come todo el día, todavía no puede perder gran parte del peso que subió después de su último bebé.

3 ¡Jesse odia levantarse por la mañana! Prefiere dormir en lugar de desayunar. Pero cuando llega a la escuela, se siente hambrienta y cansada. A menudo se queda dormida en clase. Ella come principalmente de la cafetería de la escuela, pero generalmente elige comidas como papas fritas, jugo, y papas fritas. Después de la escuela, a menudo come botanas de refrescos, galletas, y dulces. Su mamá siempre llega a casa y cocina una cena saludable.

4 Tony es un atleta que practica casi todos los días después de la escuela. ¡Tiene que comer mucho y lo hace! Él come cereales en la mañana, almuerza en la cafetería, y una comida rápida todos los días antes de la práctica. Su mamá hace cenas grandes como pollo frito y puré de papas. Aunque es muy activo, a Tony le preocupa que pesa demasiado, pero también le preocupa tener suficiente energía para jugar.

5 Jill no come comidas regulares. Si ella se levanta a tiempo, come un desayuno, pero a menudo salta el almuerzo porque no le gusta la comida en la cafetería. Ella bebe muchos refrescos de dieta, pero más bien come fruta, queso, verduras, y pan. Ella se queda hasta tarde por la noche y a menudo cena alrededor de las 11 pm. Su familia no come junta en la cena por lo general porque todo el mundo tiene un horario diferente.

1. ¿Qué cambios les sugeriría a estos individuos y/o las personas que los cuidan?
2. ¿Cuáles serán los cambios más difíciles para ellos?
3. ¿Puede pensar en una Meta SMART que cada uno podría tratar de lograr?

Duerma en el Camino a su Salud

¿Usted duerme lo suficiente?

El dormir es importante para la salud mental y el control del peso. Si contesto sí a cualquiera de estas preguntas, usted puede no estar durmiendo lo suficiente!

» ¿Necesita la cafeína para empezar su día en la mañana, y comida chatarra más tarde en el día?

» ¿Se duerme durante los 5 minutos después de acostarse?

» ¿Sube de peso y no sabe el por qué?

» ¿Tiene problemas con la memoria?

» ¿Se quiere tomar una siesta ahorita?

Llene los espacios vacíos

1. Usted puede comer _mas_______ cuando esté cansado/a.

2. La mayoría de los adultos necesitan por lo menos 7-9 _horas______ de dormir por noche, aún los ancianos. Los niños necesitan más.

3. Su cerebro puede _limpiarse_ a sí mismo al eliminar los desperdicios.

4. El dormir ayuda al cerebro a formar _memorias_.

5. Durante el sueño profundo su presión _artierial_se baja. La respiración se hace más lenta y el flujo de la sangre se dirige a los músculos.

6. El desastre del transbordador espacial Challenger y el accidente nuclear de Chernobyl han sido culpados a errores relacionados a la falta de _dormir___.

7. Debe de tomar entre 10-15 _minutos__ para poder dormirse. Si siempre se duerme antes, puede que le falte tiempo de dormir.

8. Los _humanos_ son los únicos mámales que pueden retrasar el sueño a propósito.

9. Mientras que duerme, su _higado__ cambia de limpiar su cuerpo a reconstruirlo.

10. La _hormona_ del crecimiento, la cual ayuda al cuerpo a crecer y a curarse, se suelta mientras que duerme.

Word bank:

- horas
- hígado
- minutos
- más
- humanos
- memorias
- dormir
- arterial
- hormona
- limpiarse

La Diabetes: Sepa el Riesgo

¿Sabe su riesgo para la diabetes?

El historial familiar puede tener un papel en su riesgo para la diabetes. Pero el estilo de vida hace una diferencia, también.

¿Sabía Qué?

Usted tiene un riesgo más alto para la diabetes Tipo 2 si usted:

» tiene sobrepeso
» tiene más de 45 años de edad
» tiene un padre, hermano, o hermana con diabetes
» tiene herencia genética de familia que es Nativa de Alaska, India Americana, Afroamericana, Hispana/Latina, Asiática Americana, Isleña del Pacifico
» ha tenido diabetes gestacional o ha dado a luz a un bebé que pesaba más de 9 libras
» ha tenido niveles anormales del colesterol
» hace ejercicio menos de 3 veces por semana
» tiene síndrome del Ovario Poliquístico (PCOS, por sus siglas en ingles)
» tubo discapacidad en análisis anteriores de glucosa en ayunas o de tolerancia
» tiene un historial de enfermedades cardiovasculares

Síntomas

Cerca de 6 millones de Estadunidenses tienen diabetes Tipo 2 y no lo saben. Algunos no muestran ninguna señal ni síntomas. Otros no saben que buscar:

» aumento de hambre y/o sed
» cansancio
» aumento de querer orinar, especialmente en la noche
» pérdida de peso
» visión borrosa
» llagas que no se curan

La diabetes es una enfermedad caracterizada por niveles altos de azúcar en la sangre. *Con el tiempo, esto puede causar problemas graves de salud si no se maneja la diabetes.*

Con la diabetes tipo 1, *su cuerpo no produce suficiente insulina (generalmente aparece en la infancia o en la adolescencia).*

Con la diabetes tipo 2, *su cuerpo no produce ni usa bien la insulina (puede desarrollarse a cualquier edad y puede prevenirse o retrasarse a través de un estilo de vida **saludable**).*

¡Afortunadamente, usted puede reducir su riesgo!

» Alcance y mantenga un peso del cuerpo razonable.
» Haga decisiones de comida sabias la mayoría del tiempo.
» Mantenga su actividad física todos los días.
» Reduzca su consumo de sodio y alcohol.
» Platique con su doctor acerca de su necesidad de medicamentos para controlar su presión arterial o bajar sus niveles del colesterol.

¡Inténtelo! **¿Cómo puede crear una Meta SMART para lograr los cambios sugeridos aquí?**

El Sodio y la Presión Arterial Saludable

¿Tiene usted o un miembro de su familia la presión arterial alta?

Una presión arterial deseable es 120/80. Su presión arterial es alta a 140/90 y más. Cheque su presión arterial al menos una vez al año. La presión arterial alta significa que su cuerpo está trabajando más duro de lo que debería para mover la sangre a todas las partes de su cuerpo.

La presión arterial alta aumenta el riesgo de...

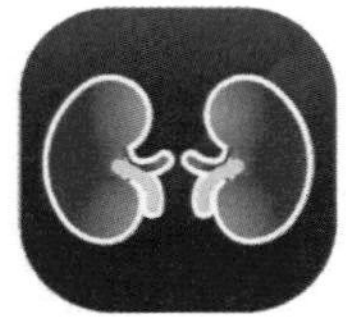

problemas en los riñones

problemas de la vista

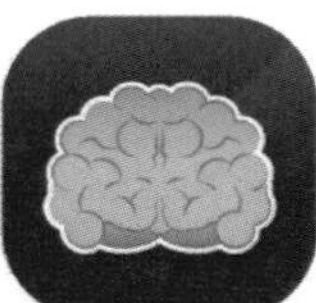

derrame cerebral

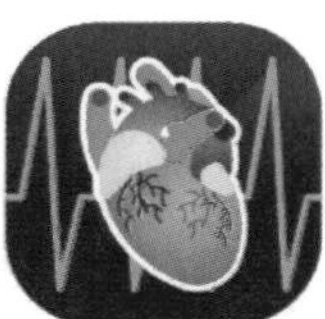

ataque al corazón

la muerte

La presión arterial alta es prevenible

» Manténgase activo/a.

» Reduzca el consumo de sodio.

» Reduzca el consumo de alcohol.

» Mantenga un peso saludable.

¡Ponga su Conocimiento del Sodio a la Prueba!

Ha escuchado sobre limitar el sodio en las comidas, pero ¿qué más sabe? Conteste las siguientes preguntas de abajo con falso o verdadero. (Aquí tiene una pista: ¡Solo una de ellas es falsa!)

		V	F
1.	Los individuos saludables deben de mantener su consumo de sodio a menos de 2300 mg al día; las personas con alta presión arterial o de alto riesgo deben mantener su consumo a menos de 1500 al día.		
2.	Las frutas y verduras enteras no contienen sodio.		
3.	La salsa de soya, las comidas enlatadas, y los pescados y mariscos pueden tener mucho contenido de sodio.		
4.	El potasio le ayuda a balancear el sodio en su cuerpo. Comer muchas frutas y verduras altas en sodio le puede ayudar a mantener una presión arterial saludable.		
5.	Una comida con menos de 140 mg de sodio por porción puede ser etiquetada como una "Comida Baja en Sodio."		

¡Inténtelo! ¿Cómo puedo crear una Meta SMART para lograr los cambios que aquí se sugieren?

¿Cómo puede mantener sus huesos fuertes?

Los huesos se pueden convertir frágiles mientras que envejecemos. La pérdida de hueso no se puede recuperar, pero puede ser prevenida o retrasada. El tratamiento y la atención incluyen el consumo de calcio y vitamina D, ejercicio con soporte de peso, prevención de caídas y medicamentos para tratar huesos. Coma muchos alimentos ricos en calcio (vea el cuadro) para asegurarse de que está recibiendo suficiente para construir y mantener huesos fuertes.

Para obtener suficiente calcio de sus comidas

» Los adultos de 19 a 50 años de edad, deben recibir 1,000 mg de calcio por día. Los adultos mayores de 50 años deben recibir 1,200 mg cada día.

» Coma de 3 a 4 porciones de productos lácteos o lo suficiente de otros alimentos ricos en calcio cada día. (Vea la tabla a continuación).

» Lea las etiquetas de los alimentos:100% del valor diario (% VD) = 1000 mg. Agregue un cero al final del porcentaje para obtener miligramos (mg) de calcio en una porción. (Ejemplo: 30% VD equivale a 300 mg de calcio.)

¿No consume productos lácteos? ¡No hay problema!

Estos alimentos también son ricos en calcio: sardinas, tofu hecho con sulfato de calcio, jugo de naranja con calcio, pan fortificado con calcio, salmón, espinacas, hojas de nabo, col rizada o cruda, col china cruda, brócoli, coliflor y productos fortificados con calcio.

Alimento	Calcio	% de Valor Diario
yogur, 8 oz.	415 mg	42%
leche descremada/ entera, 8 oz.	300 mg	30%
queso cheddar, 1 oz.	306 mg	30%
yogur congelado, ½ t.	103 mg	10%
helado, ½ t.	85 mg	9%

¿SABÍA QUÉ? El ejercicio con soporte de peso como el levantar pesas puede aumentar la masa de sus músculos y proteger sus huesos al envejecer.

Made in the USA
Middletown, DE
13 January 2022